슈바르츠가 들려주는
절대부등식 이야기

김승태 지음

NEW
수학자가 들려주는
수학 이야기
54

슈바르츠가 들려주는 절대부등식 이야기

㈜자음과모음

추천사

수학자라는 거인의 어깨 위에서 보다 멀리, 보다 넓게 바라보는 수학의 세계!

　수학 교과서는 대개 '결과'로서의 수학을 연역적으로 제시하는 경향이 강하기 때문에 학생들은 수학이 끊임없이 진화해 왔다고 생각하기 어렵습니다. 그렇지만 수학의 역사는 하나의 문제가 등장하고 그에 대해 많은 수학자가 고심하고 이를 해결하는 가운데 새로운 아이디어가 출현해 온 역동적인 과정입니다.

　〈NEW 수학자가 들려주는 수학 이야기〉는 수학 주제들의 발생 과정을 수학자들의 목소리를 통해 친근하게 이야기 형식으로 들려주기 때문에 학생들이 수학을 '과거 완료형'이 아닌 '현재 진행형'으로 인식하는 데 도움이 될 것입니다.

　학생들이 수학을 어려워하는 요인 중의 하나는 '추상성'이 강한 수학적 사고의 특성과 '구체성'을 선호하는 학생의 사고 사이에 존재하는 간극이며, 이런 간극을 줄이기 위해서 수학의 추상성을 희석시키고 수학 개념과 원리의 설명에 구체성을 부여하는 것이 필요합니다.

　〈NEW 수학자가 들려주는 수학 이야기〉는 수학 교과서의 내용을 생동감 있게 재구성함으로써 추상적인 수학을 구체성을 갖는 수학으로 변모시키고 있습니다. 또한 중간중간에 곁들여진 수학자들의 에피소드는 자칫 무료해지기 쉬운 수학 공부에 윤활유 역할을 해 줄 것입니다.

〈NEW 수학자가 들려주는 수학 이야기〉의 구성을 보면 우선 수학자의 업적을 개략적으로 소개하고, 6~9개의 강의를 통해 수학 내적 세계와 외적 세계, 교실 안과 밖을 넘나들며 수학 개념과 원리를 소개한 후 마지막으로 강의에서 다룬 내용을 정리합니다.

이런 책의 흐름을 따라 읽다 보면 각각의 도서가 다루고 있는 주제에 대한 전체적이고 통합적인 이해가 가능하도록 구성되어 있습니다. 〈NEW 수학자가 들려주는 수학 이야기〉는 학교 수학 교과 과정과 긴밀하게 맞물려 있으며, 전체 시리즈를 통해 학교 수학의 많은 내용들을 다룹니다. 따라서 〈NEW 수학자가 들려주는 수학 이야기〉를 학교 수학 공부와 병행하면서 읽는다면 교과서 내용의 소화 흡수를 도울 수 있는 효소 역할을 할 것입니다.

뉴턴이 'On the shoulders of giants'라는 표현을 썼던 것처럼, 수학자라는 거인의 어깨 위에서는 보다 멀리, 넓게 바라볼 수 있습니다. 학생들이 〈NEW 수학자가 들려주는 수학 이야기〉를 읽으면서 각 수학자의 어깨 위에서 보다 수월하게 수학의 세계를 내다보는 기회를 갖기를 바랍니다.

홍익대학교 수학교육과 교수 |《수학 콘서트》저자 박경미

> 책머리에

세상의 진리를 수학으로 꿰뚫어 보는 맛
그 맛을 경험시켜 주는 '절대부등식' 이야기

　《수학의 원리》로 노벨상을 수상한 수학자 러셀Bertrand Russell은 누구나 알고 있는 1＋1＝2라는 '사실'을 '논리'적으로 증명하였습니다. 그럼으로써 그는 수학은 누구나 알고 있는 사실이라 하더라도 '확실성'을 가져야 한다는 것을 밝혔습니다. 수학은 하나의 사실을 논리적으로 증명하는 학문이기 때문입니다. 그만큼 수학이라는 학문에 있어 논리성은 필수불가결한 요소입니다.

　또한 수학자 러셀은 '러셀의 패러독스'로도 유명합니다.

　"모든 주민은 스스로 이발해서는 안 된다. 그리고 모든 주민은 한 달에 한 번 반드시 이발사에게 가서 머리를 깎아야 한다." 이런 법률이 제정된 마을의 '단 한 명뿐인 이발사'는 정말 안타까운 처지에 놓인다. 이 불쌍한 이발사는 자신이 직접 이발해야 할지 말아야 할지 고민에 휩싸인다. 스스로 이발하자니 법에 따라 처벌받는다. 한편 스스로 이발하지 않아도 반드시 이발해야 하는 법에 따라 한 달에 한 번씩 처벌받는다.

　'러셀의 패러독스'를 비유한 이야기인데, 러셀은 자신의 새로운 견해를 통해 논리학에 새로운 방향을 제시했다는 평가를 받았습니다.

러셀과 같이 우리도 수학이라는 과목에 새로운 방향성을 스스로 제시하며, 딱딱하고 재미없다고 여겨지는 수학을 좀 더 재밌게 학습할 수 있는 길을 찾을 수 있을 것입니다. 특히 저는 이야기라는 형식을 빌려 학생들에게 수학을 가르쳐 주려고 끊임없이 시도하고 있습니다. 학생들에게 수학은 무엇을 배우는가도 중요하지만, 어떻게 배우는가도 상당히 중요합니다. 이 '어떻게'의 문제는 학생들의 학습력을 높이는 데 더없이 중요한 요점입니다.

빌 게이츠의 말을 빌리자면, "좋은 선생님은 학생 수만 명의 인생을 바꿀 수 있다."고 하였습니다. 이 말은 수학 학습서에도 그대로 적용시켜 볼 수 있습니다. 어떻게 학생들의 편에서 그들을 이해시키는가가 바로 좋은 책을 판단하는 기준이라 생각합니다.

"지혜로운 자의 길은 마음 안에 있고, 어리석은 자의 길은 마음 밖에 있다."

이 말은 소설가 이외수 선생님이 《그대에게 던지는 사랑의 그물》이라는 책에 쓴 말입니다. 수학의 이해도 학생들의 마음을 잡는 데 있다고 봅니다. 수학은 한번 놓치면 따라가기가 힘들어서 학생들이 어려워하고 두려워하는 과목입니다. 언제나 현장에서 수학이 학생들의 마음 밖으로 나가지 못하게 고민하고 연구하는 선생님이 되기 위해 최선을 다하여 이 책을 집필하였습니다. 부디 이 책이 학생 한 명 한 명에게 다가가는 사랑의 그물이었으면 합니다.

김승태

차례

추천사 4
책머리에 6
100% 활용하기 10
슈바르츠의 개념 체크 20

1교시
절대부등식이란? 27

2교시
실수와 부등식 47

3교시
절대부등식인지를 가려라 63

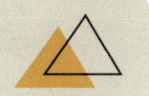

4교시
절대부등식 찾아내기   81

5교시
산술 · 기하평균   107

6교시
코시-슈바르츠 부등식   125

7교시
절대부등식의 최대 · 최소   145

1 이 책은 달라요

《슈바르츠가 들려주는 절대부등식 이야기》는 부등식의 맨 마지막 단계라고 볼 수 있는 절대부등식을 다루고 있습니다. 학생들이 껄끄러워하는 절대부등식을 학생들의 시각에 최대한 맞추어 학습의 재미를 주었습니다. 아무리 좋은 설명도 학생들의 눈높이에 맞추지 않는다면 아무런 소용이 없습니다. 절대부등식은 부등식의 증명을 위하여 반드시 알아야 할 기초 지식입니다. 이 책의 장점은 바로 그런 기초가 되는 절대부등식을 빠짐없이 다루고 있다는 점입니다. 거기다가 학생들이 가장 좋아하는 재미라는 양념을 듬뿍 쳤기 때문에 초등학생이 읽더라도 그 재미에 푹 빠질 수 있도록 하였습니다. 물론 고등학교 1학년 내용을 주로 다루고 있기에 학습의 수준이 상위입니다. 아무쪼록 이 책을 처음부터 끝까지 읽어 나간다면 수학 실력 향상은 물론이거니와 수학의 또 다른 재미를 줄 것임을 확신합니다. 유쾌한 수학자와 함께 재미있는 캐릭터가 등장하기 때문에 이 책을 읽는 여러분에게 즐거운 수학의 길을 열어 줄 것입니다.

2 이런 점이 좋아요

① 고등학교에서 배우는 절대부등식은 중학교에서 다루는 일차부등식과 함께 이차부등식도 다루게 됩니다. 좀 더 심화된 내용을 다루는 만큼 더욱 재미있는 요소를 이용해 학생들의 이해를 도왔습니다.

② 슈바르츠라는 수학자와 떠벌이라는 캐릭터가 주고받는 대화를 통해 자연스레 수학적인 학습이 이루어질 수 있도록 하였습니다.

③ 교과서 내용을 충실히 파악하고 개념을 연구해 학생들이 자신감을 갖고 수학 학습에 임할 수 있는 방법을 연구하였습니다. 그래서 학교 수학에 자신감을 가지고 절대부등식이라는 단원의 개념을 머릿속에 쉽게 정리할 수 있도록 하였습니다.

3 교과 연계표

학년	단원(영역)	관련된 수업 주제 (관련된 교과 내용 또는 소단원명)
중 2	수와 연산	일차부등식
중 3	변화와 관계	제곱근과 실수
고 1(공통수학2)	집합과 명제	집합, 명제

4 수업 소개

1교시 절대부등식이란?

조건부등식과 절대부등식을 비교하여 봅니다.

부등식의 대소 관계를 알아봅니다.

- 선행 학습
- 조건부등식 : 식 안에 포함되는 문자가 한정된 범위의 수치일 때만 성립하는 부등식을 말합니다.
- 방정식 : 어떤 문자가 특정한 값을 취할 때만 성립하는 등식을 말합니다.
- 화학식 : 화합물을 표시하기 위하여 원소 기호를 조합한 식을 말합니다. 실험식, 분자식 등이 있습니다.
- 대입 : 대수식에서 문자 대신 특정한 수치를 바꾸어 넣는 것을 말합니다.

- 루트 $\sqrt{}$: 거듭제곱근

- 실수 : 크기나 시간처럼 연속으로 변하는 양을 측정하는 데 사용하며, 셈으로부터 나온 자연수 1, 2, 3, ……과는 대조를 이룹니다. 양의 정수, 음의 정수, 분수, 무리수가 있습니다.

• **학습 방법**

- 차를 이용한 대소 관계

    $A>0, B>0$일 때,

    $A^2-B^2=0 \Leftrightarrow A=B$

    $A^2-B^2<0 \Leftrightarrow A<B$

- 두 수의 비를 이용한 대소 관계

    $A>0, B>0$일 때,

    ① $\dfrac{B}{A}>1 \Leftrightarrow A<B$

    ② $\dfrac{B}{A}=1 \Leftrightarrow A=B$

    ③ $\dfrac{B}{A}<1 \Leftrightarrow A>B$

2교시 실수와 부등식

절대부등식에서 이용되는 실수의 성질을 알아봅니다.

완전제곱식을 이용하는 방법을 배웁니다.

- 선행 학습

 - 사칙 연산 : 덧셈, 뺄셈, 곱셈, 나눗셈을 이용하여 하는 셈을 말합니다.

 - 완전제곱식 : 어떤 정식의 제곱으로 표현되는 식을 말합니다.

 - 정수 : 양의 정수_{자연수}, 음의 정수와 0을 통틀어 이릅니다.

- 학습 방법

 - $a \geq b \Leftrightarrow a-b \geq 0$

 - $a \geq 0, b \geq \Leftrightarrow a+b \geq 0, ab \geq 0$

 - $a \geq b, c \geq d \Leftrightarrow a+c \geq b+d$

 - $a^2 \geq 0$ (단, 등호는 $a=0$일 때 성립)

 - $a^2+b^2 \geq 0$ (단, 등호는 $a=b=0$일 때 성립)

3교시 절대부등식인지를 가려라

절대부등식을 찾아내는 방법을 배웁니다.

- 선행 학습

 - 인수분해 : 정수 또는 정식을 몇 개의 간단한 인수의 곱의 꼴로 바꾸어 나타내는 것을 말합니다.

 - 완전제곱식 : 어떤 정식의 제곱으로 표현되는 식을 말합니다.

 - 동류항 : 다항식에서 계수는 다르나 문자 인수가 같은 2개 이상의 항을 말합니다.

- 학습 방법
  - 변수에 어떠한 실수를 대입하여도 항상 성립하는 부등식을 절대부등식이라고 합니다.
  - 절대부등식임을 보일 때는 그 부등식이 모든 실숫값에 대하여 성립하는 이유를 분명히 밝혀야 합니다. 이를 부등식을 증명한다고 합니다. 부등식을 증명할 때는 부등식의 성질을 이용해야 합니다.

4교시 절대부등식 찾아내기

루트 기호를 포함한 절대부등식의 판정을 알아봅니다.
절댓값 기호를 포함한 절대부등식의 판정을 알아봅니다.

- 선행 학습
  - 루트제곱근 : 어떤 수 a를 두 번 곱하여 x가 되었을 때, a를 x의 제곱근이라고 합니다. 하나의 수에 대하여 그 제곱근은 양수와 음수 2개가 있습니다.
  - 절댓값 : 실수에서 양 또는 음의 부호를 떼어 버린 수를 말합니다. a의 절댓값은 $|a|$로 나타냅니다.
  - 통분 : 분수의 크기 비교를 위해 분모를 같게 만든 것을 말합니다.
  - 좌변 : 등호의 왼쪽 부분을 말합니다.
  - 우변 : 등호의 오른쪽 부분을 말합니다.
  - 수학적 귀납법 : 자연수 n에 관한 명제가 $n=1$일 때 참이고 $n=k$일

때 참이라고 가정하여, $n=k+1$일 때 참임을 보여서 그 명제가 모든 자연수 n에 대하여 성립한다고 증명하는 방법을 말합니다.

- 학습 방법

  - $a>0, b>0$일 때, $a^2-b^2>0 \Leftrightarrow a^2>b^2 \Leftrightarrow a>b$
  - $\sqrt{\dfrac{a^2+b^2}{2}} \geq \dfrac{a+b}{2}$
  - $|a|+|b| \geq |a+b|$
  - $(1+h)^n > 1+nh$

5교시 산술·기하평균

산술평균과 기하평균에 대하여 알아봅니다.

산술평균과 기하평균을 가지고 절대부등식을 찾아봅니다.

- 선행 학습

  - 치환 : 어떤 것을 다른 문자로 대신하여 쓰는 것을 수학에서는 치환이라고 합니다.

  - 번분수 : 분모나 분자 중 하나 또는 둘 다 분수를 가지는 분수를 말합니다.

  - 조화평균 : 주어진 수에 대하여 그 역수들을 산술평균 한 것의 역수를 말합니다. 예를 들어, 두 수 a, b의 조화평균은 $\dfrac{2ab}{a+b}$ 입니다.

- 학습 방법

  - 기하평균은 인구 변동률, 물가 변동률과 같이 비율적으로 변하는

자료의 대푯값으로 많이 사용됩니다.

- 산술평균과 기하평균

$$\frac{a+b}{2} \geq \sqrt{ab}$$

- 두 변수가 양수이면 산술평균, 기하평균을 적용할 수 있습니다.

- 산술평균과 기하평균의 관계는 항이 2개일 때만 성립하는 것이 아니라 항의 개수가 n개(단, n은 2 이상의 양의 정수)일 때도 성립합니다.

$$\frac{a+b+c}{3} \geq \sqrt[3]{abc}$$

$$\frac{a+b+c+d}{4} \geq \sqrt[4]{abcd}$$

$$\vdots$$

$$\frac{a_1+a_2+\cdots\cdots+a_{n-1}+a_n}{n} \geq \sqrt[n]{a_1 a_2 \cdots\cdots a_{n-1} a_n}$$

6교시 코시-슈바르츠 부등식

코시 부등식에 대하여 알아봅니다.

슈바르츠 부등식에 대하여 알아봅니다.

- **선행 학습**

- 코시 : 프랑스의 수학자. 해석학과 치환군_{한 집합의 순서 수열들을 원소로 하는 군}을 개척한 근대의 가장 위대한 수학자 중 한 사람입니다.

- 라그랑주 : 이탈리아 태생 프랑스의 수학자. 정수론과 해석 역학 및 천체 역학에 크게 기여했습니다. 가장 중요한 저서인 《해석 역학》1788

은 나중에 이 분야의 모든 연구에 기본이 된 최초의 교본입니다.

- 판별식 : 방정식의 계수들로부터 구해집니다.

• **학습 방법**

- 절대부등식에서 산술평균, 기하평균과 함께 가장 중요하게 다뤄지는 것이 바로 코시-슈바르츠 부등식입니다.

- 코시 부등식 1

   $(a^2+b^2)(x^2+y^2) \geq (ax+by)^2$ (단, 등호는 $\dfrac{x}{a}=\dfrac{y}{b}$ 일 때 성립)

- 코시 부등식 2

   $(a^2+b^2+c^2)(x^2+y^2+z^2) \geq (ax+by+cz)^2$ (단, 등호는 $\dfrac{x}{a}=\dfrac{y}{b}$ 일 때 성립)

- 슈바르츠 부등식

   $(a_1^2+a_2^2+\cdots\cdots+a_n^2)(b_1^2+b_2^2+\cdots\cdots+b_n^2) \geq (a_1b_1+a_2b_2+\cdots\cdots+a_nb_n)^2$

   (단, 등호는 $\dfrac{x}{a}=\dfrac{y}{b}$ 일 때 성립)

7교시 절대부등식의 최대·최소

절대부등식의 최대와 최소를 공부합니다.

산술평균과 기하평균의 활용을 배웁니다.

• **선행 학습**

- 부등식 : 두 수 또는 두 식을 부등호로 연결하여 크기를 비교할 수 있게 한 식을 말합니다.

$a<b$는 a보다 b가 크다는 것을 의미하고, 반대로 $a>b$는 a가 b보다 크다는 것을 의미합니다. 또한 $a\geq b$는 a가 b보다 크거나 같다는 것을 의미하고, $a\leq b$는 a가 b보다 작거나 같다는 것을 의미합니다.

- 전개 : 곱셈이나 나눗셈을 통하여 항을 펼쳐 나가는 것을 말합니다.
- 일차식 : 미지수의 최고 차수가 일차인 정식을 말합니다. $ax+b$(단, $a\neq 0$)의 꼴을 가집니다.
- 이차식 : 미지수의 최고 차수가 이차인 정식을 말합니다. ax^2+bx+c(단, $a\neq 0$)의 꼴을 가집니다.

• 학습 방법
- (태^2+도^2)(권^2+장^2)≥(태권+도장)^2
- (김^2+혜^2+수^2)(장^2+동^2+건^2)≥(김장+혜동+수건)^2

슈바르츠를 소개합니다

Hermann Amandus Schwarz(1843~1921)

화학을 연구하던 슈바르츠는 그를 눈여겨본 선생님의 권유로 수학자의 길을 걷게 됩니다.

1864년 베를린 대학에서 박사 학위를 받은 후 그는 30년이 지나 다시 모교로 돌아옵니다. 자신에게 지대한 영향을 준 바이어슈트라스 선생님처럼 그곳에서 학생들을 가르치기 위해서였습니다. 슈바르츠의 업적은 단연 '슈바르츠 부등식'입니다.

그의 아이디어는 획기적이라는 평판을 들었습니다. 오늘날에도 여러 분야에서 중요시되는 그의 연구는 화학 혹은 수학이라는 한 가지 학문만 고집하지 않고 여러 곳으로부터 배움을 얻으려 한 그의 귀중한 결실이 아닐까요?

여러분, 나는 슈바르츠입니다

구텐 모르겐!좋은 아침입니다 독일의 수학자 슈바르츠입니다. 나는 1843년에 태어났으며, 《존 벤이 들려주는 벤 다이어그램 이야기》에 등장하는 수학자 벤 형님보다는 후배이고, 《칸토어가 들려주는 집합 이야기》에 등장하는 수학자 칸토어보다는 선배입니다.

내가 수학사에서 유명해진 이유는 부등식에 있습니다. 나는 '슈바르츠 부등식'이라는 것으로 일약 대스타가 되었습니다. 지금은 연예인이나 스포츠 선수만 스타라고 생각하지만 그땐 바로 내가 스타였죠.

스타 수학자인 나도 처음부터 죽어라고 수학만 공부하지는 않았답니다. 애초에 나는 베를린에서 화학을 연구했습니다.

그런데 내가 그렇게 열심히 공부하고 있을 당시 나를 눈여겨 본 선생님이 한 분 있었습니다. 그분의 이름은 바이어슈트라스 입니다. 나는 그때부터 수학이라는 학문에 정식으로 발을 들여 놓게 되었습니다.

1861년, 나는 바이어슈트라스 선생님의 적분학 강의를 듣고 있었습니다. 적분법의 기원은 그리스의 아르키메데스가 포물선과 직선으로 둘러싸인 도형의 넓이를 계산한 데 있다고 합니다. 실제로 적분은 미분과 매우 밀접한 관련이 있어서, 17세기 미분법이 발전함에 따라 미분의 역연산이 적분임을 알게 됨으로써 함께 발전할 수 있었습니다.

내가 그 당시 얼마나 열심히 공부했는가는 지금도 전해지고 있는 내 수학 노트를 통해 알 수 있을 겁니다. 내가 바이어슈트라스 선생님의 적분학 강의를 들으며 필기한 노트가 아직도 전해지고 있다고 합니다.

나는 1864년 베를린 대학에서 박사 학위를 받았습니다. 그리고 1867년 할레 대학에서는 수학 교수가 되었습니다. 할레 대학에서 나보고 교수 할래? 그래서 나는 '할래' 했다는 우스갯소리가 있습니다.

그리고 나는 1869년 취리히 대학에서, 1875년 괴팅겐 대학에서 교수로 지냈습니다. 이후 나는 나의 스승인 바이어슈트라스의 뒤를 이어 1892년부터 1917년까지 베를린 대학에서 강의를 하였습니다. 그리고 그 당시 유명한 수학자였던 쿠머의 딸과 결혼했습니다.

나 슈바르츠는 수학 말고도 관심을 가졌던 것이 많았습니다. 나는 지역 자율 방화단의 단장을 맡기도 했거든요. 아직도 내가 왜 그 일을 했는지 잘은 모르겠지만, 기차의 문을 닫는 단순한 일을 하면서 철도역장을 돕기도 했습니다. 내가 연구한 것은 부등식 말고도 다면체에서 구면체로의 등각사상과 관련된 것도 있습니다. 그리고 당시 수학계 화제였던 디리클레 문제의 해법을 내기도 했습니다. 그때 내가 제시한 해법은 오늘날까지도 모범 답안으로 남아 있습니다. 그리고 무엇보다도 나를 자랑스럽게 만드는 것은 나의 스승인 바이어슈트라스의 일흔 살 생일 파티에서 제시된 수학 문제를 다른 수학자 동료를 제치고 '슈바르츠 부등식'이라는 획기적인 방법으로 증명해 냈다는 것입니다.

슈바르츠 부등식은 오늘날 여러 분야에서 중요하게 쓰이고 있습니다. 이 부등식에 대해서는 앞으로 자세히 배우게 될 것이므로, 여러분은 이제 나만 믿고 절대부등식의 세계로 빠져들면 됩니다.

아, 그런데 잠깐! 저기 멀리서 나를 도와주기로 한 학생이 오고 있습니다. 부등부등 씨익 씩. 모터사이클을 타고 나타났습니다. 이름은 떠벌이입니다. 이 학생, 약간 불량스러워 보입니다. 내가 왜 모터사이클을 타고 왔냐고 물으니 부등식을 가장 잘 표현한 운송 수단을 타고 왔다고 합니다. 무슨 소리냐고 하니 자기 모터사이클 소리를 귀담아들어 보라고 합니다.

"부등, 부등, 부등 식~!"

1교시

절대부등식이란?

조건부등식과 절대부등식을
비교하는 방법을 배웁니다.

수업 목표

1. 조건부등식과 절대부등식을 비교하여 봅니다.
2. 부등식의 대소 관계를 알아봅니다.

 미리 알면 좋아요

1. **조건부등식** 식 안에 포함되는 문자가 한정된 범위의 수치일 때만 성립하는 부등식을 말합니다.

2. **방정식** 어떤 문자가 특정한 값을 취할 때만 성립하는 등식을 말합니다.

3. **화학식** 화합물을 표시하기 위하여 원소 기호를 조합한 식을 말합니다. 실험식, 분자식 등이 있습니다.

4. **대입** 대수식에서 문자 대신 특정한 수치를 바꾸어 넣는 것을 말합니다.

5. **루트** $\sqrt{}$ 거듭제곱근

6. **실수** 크기나 시간처럼 연속으로 변하는 양을 측정하는 데 사용하며, 셈으로부터 나온 자연수 1, 2, 3, ……과는 대조를 이룹니다. 실수에는 양의 정수, 음의 정수, 분수와 무리수가 있습니다.

슈바르츠의 첫 번째 수업

떠벌이가 첫 시간부터 떠벌이기 시작합니다.

"절대, 절대, 절대부등식이 뭐야. 《반지의 제왕》의 절대반지를 말하는 거냐? 뭐야, 절대부등식이? 방정식이면 방정식이고 부등식이면 부등식이지, 절대부등식은 대체 뭐란 말이야?"

등식에 항등식이 있듯이, 부등식에는 절대부등식이 있습니다. 항등식이란 언제나 참인 등식을 말합니다. 등식이 크게 방정식과 항등식으로 분류되듯, 부등식도 조건부등식과 절대부등식으로 나뉩니다.

먼저 조건부등식의 예를 들어 보면 $x-1>0$은 $x>1$이라는 것을 생각할 수 있습니다.

$x-1>0$이란 $x-1$이 양수라는 뜻입니다. 0보다 크다는 말이 바로 양수라는 뜻이지요. 그리고 $x-1<0$은 $x-1$이 음수라는 뜻으로 0보다 작다는 얘기입니다. $x-1>0$을 가지고 설명을 계속하면 $x-1>0$은 $x>1$이 되고, x는 2, 3, ……과 같은 값을 가질 수 있습니다. 그래서 2를 $x-1>0$이라는 식에 쏙 넣어 보면 $2-1>0$이 되어, 곧 $1>0$이 됩니다. 이때 이 식은 '성립한다'라고 할 수 있습니다. 성립한다는 말은 '참'이라는 말과 같습니다. 이처럼 부등식도 방정식처럼 x값 자리에 수를 대입해 보면 됩니다.

식이 성립하는 경우를 봤다면 식이 성립하지 않는 경우도 살펴봐야지요. 실험 대상인 부등식은 앞에서 사용한 것을 가지고 그대로 진행하겠습니다. 떠벌이가 들고 옵니다.

식 $x-1>0$을 실험대 위에 올려놓습니다. 이제 이 부등식이 성립하지 않는 경우를 알아보도록 할 것입니다. 어떤 조건식일 때 이 부등식이 반응하지 않는지 알아보겠습니다.

떠벌이가 또 다른 식을 하나 가지고 옵니다. $x \leq 1$입니다. 이것을 가지고 아까 실험대 위에 올려놓았던 부등식과 반응을 일으켜 보겠습니다. 실험은 생각보다 쉽습니다. 왜냐면 $x \leq 1$에 속하는 단 하나의 수를 가지고도 실험을 성공적으로 끝낼 수 있기 때문입니다. 모든 경우를 만족해야 참이라고 할 수 있는 수학의 속성 때문입니다. 그래서 떠벌이와 나는 $x \leq 1$에 해당하는 수 하나만을 추출하려고 합니다.

핀셋과 현미경을 준비하세요. $x \leq 1$이라는 식에 현미경을 들이대고 핀셋으로 수 하나를 조심히 끄집어냅니다. x가 1보다 작거나 같은 수는 뭐가 있을까요? 0도 있고 -1도 있고 여러 가지 많이 있지만 0이 가장 간단해 보여서 0을 추출합니다. 추출한 0을 본식 $x-1>0$에 찔러 넣어 봅니다. 그리고 다음 식이 어떠한 화학 반응을 보이는지 지켜보도록 합시다.

$x-1>0$

x에 0을 찔러 넣습니다. 국내 줄기세포 연구팀의 젓가락 기술을 사용합니다.

$0-1>0$, $-1>0$

앗, 그런데 이 화학식은 거부 반응을 보입니다. 옳지 않습니다. -1이 0보다 크다는 말도 안 되는 식이 나왔으니 당연히 거부 반응을 일으키는 것입니다. 그래서 우리는 이 두 가지 실험을 통하여 $x-1>0$은 $x>1$일 때 성립하지만 $x\leq1$일 때는 성립하지 않는다는 것을 알 수 있습니다. 여기서 한 가지 알게 된 사실을 정리합니다. 일반적인 부등식은 어떤 경우는 성립하고 어떤 경우는 성립하지 않습니다. 그런 부등식을 우리는 조건부등식 이라고 말합니다. 그래서 우리는 연구에 연구를 거듭하여 어떤 조건에 대해서도 다 성립하는 부등식을 만들려고 했습니다.

"안 돼, 안 돼. 세상에 그런 식이 어디 있어. 그런 것은 있을 수 없어. 있어서도 안 돼. 나 인정 못 해, 인정 안 해."

떠벌이가 인정을 하든 못 하든 그런 부등식을 우리 수학자들이 만들어 냈습니다. 그게 바로 절대부등식입니다.

절대부등식이 있다는 이야기를 듣고 떠벌이는 적지 않게 당황합니다. 떠벌이는 갑자기 태도를 바꿉니다.

"절대부등식, 너무 훌륭해. 멋져. 신기해. 대단해. 존경합니다."

이해하기

절대부등식이란 문자에 어떤 실수를 대입해도 항상 성립하는 부등식이다.

절대부등식에서 '항상 성립한다.'는 말은 어떤 식이 나타내는 뜻이 언제나 옳다는 소리입니다. 맞는지 아닌지를 확인하기 위해서는 실수의 대소 관계를 판정할 수 있어야 합니다. 실수의 대소 판정이란 1보다 2가 크면 1<2라고 판정할 수 있음을 말합니다.

부등호 ≤, ≥, <, > 는 같지 않다는 기호입니다. 크기를 판정할 때 쓰이는 기호지요. 자, 지금부터는 실수의 대소 관계 판정을 보여 주겠습니다.

1. 차를 이용한 대소 관계

$$A-B>0$$

이 경우 앞에 있는 A가 커야만 A−B의 결과가 양수로 나오게 됩니다. 그래서 이 경우의 판정은 A>B라고 할 수 있습니다. 이렇게 개념상으로 이해해도 되고요. 아니면 A−B>0에서 −B를 넘겨서 A>B로 나타내도 됩니다. −B가 넘어가면서 +B가 된다는 사실만 유의하면 문제없습니다. A가 크고 B가 작아서 작은 B가 큰 A를 보고 마구 떠벌이는 입 모양 A>B입니다.

다음으로 A−B=0일 때를 봅시다.

$$A-B=0$$

이 식 역시 이항을 통하여 알아보면 됩니다.
A−B=0 ⇔ A=B

이제, 차를 이용한 대소 관계의 마지막 경우입니다.

$$A-B<0$$

A−B<0 ⇔ A<B

2. 제곱의 차를 이용한 대소 관계

대소 관계란 크고 작음을 나타내는 것입니다. 예를 들어 비커 하나에는 A>0라고 적고, 다른 비커에는 B>0라고 적습니다. 이 두 조건을 만족할 때만 제곱의 차를 이용한 대소 관계 실험을 할 수 있습니다. 제곱이란 똑같은 수나 문자를 두 번 이상 곱하는 것을 말합니다. 우선, 다음과 같은 식이 성립한다는 것을 알 수 있습니다.

$$A^2 - B^2 > 0 \Leftrightarrow A > B$$

하지만 이 식이 성립하기 위해 반드시 비커에 적혀 있는 대로 A>0과 B>0이라는 조건을 만족해야 합니다. 제곱을 한다는 것은 어떤 수를 양수로 만드는 과정이라고도 볼 수 있습니다. 예를 들어 −2의 제곱은 (−2)×(−2)는 +4가 됩니다.

그럼 다시 앞의 식 $A^2 - B^2 > 0 \Leftrightarrow A > B$로 돌아가서, 이 식을 증명하기 위해 뒤에서부터 한번 쳐 나가 보겠습니다. A와 B라는 문자에 알레르기가 있는 친구들을 위해 A와 B를 수로 바꿔서 설명하겠습니다.

A가 B보다 크다고 했으니 A는 2라고 두고 B는 1이라고 둡니다. A가 2니까 $A^2=4$가 됩니다. 그리고 $B^2=1$이고요. 1이라는 녀석은 신기하게도 아무리 자기 자신을 많이 곱해도 1이 나옵니다. 그럼 각각의 자리에 수를 대입해 보면, 4−1이 되어 3이 답이라는 것을 알 수 있습니다. 그리고 3은 0보다 큽니다. 이로

써 우리는 제곱의 차를 이용해 대소 관계를 알 수 있습니다.

그런데 떠벌이가 '제곱의 차를 이용한 대소 관계'는 그 전에 배운 개념 '차를 이용한 대소 관계'와 별반 차이가 없다며 중얼거립니다. 물론 겉으로 보면 그럴 수 있겠지만 '제곱의 차를 이용하는 대소 관계'는 $\sqrt{}$ 루트, 제곱근가 포함된 식에서 매우 유용하게 쓰인다는 점에서 차이가 있습니다. 고등학교 1학년이 되면 $\sqrt{}$가 포함된 식의 대소 관계를 알아내야 할 경우에 방금 배운 '제곱의 차를 이용한 대소 관계'를 유용하게 쓸 수 있습니다. 그러므로 다음과 같은 대소 관계를 익혀 두면 아주 좋습니다.

> $A>0, B>0$일 때,
> ① $A^2-B^2=0 \Leftrightarrow A=B$
> ② $A^2-B^2<0 \Leftrightarrow A<B$

3. 두 수의 비를 이용한 대소 관계

> $A>0, B>0$일 때,
> ① $\dfrac{B}{A}>1 \Leftrightarrow A<B$
> ② $\dfrac{B}{A}=1 \Leftrightarrow A=B$
> ③ $\dfrac{B}{A}<1 \Leftrightarrow A>B$

위의 식들을 찬찬히 살펴보니 분자 B와 분모 A의 대결인 것 같습니다. 분모가 크냐 분자가 크냐에 따라서 다른 결과를 가져 옵니다. 분자가 크면 전체의 값이 1보다 커지고, 분모가 크면 전체의 값이 1보다 작아집니다. 1보다 작지 않다는 말은 1보다 크거나 1과 같다고 생각할 수도 있습니다. 그래서 분모와 분자가 같으면 1이 되는 것은 당연한 것입니다. 초등학생 때 배운 분수를 한번 생각해 보도록 합니다.

분수에는 진분수와 가분수가 있습니다. 그러면 앞의 세 식 중 진분수는 어떤 것이며, 가분수는 어떤 것일까요? 아, 참고로 이들 중에 대분수는 없다고 합니다.

"선생님, 선생님, 선생님. 분수, 분수, 분수 1번, 2번은 가분수고요. 3번은 진분수예요. 제 몸이 먼저 1, 2번이 가분수라는 것을 느꼈어요."

네, 맞습니다. 여기서도 알 수 있듯이 가분수는 분자가 분모보다 크거나 같은 경우입니다. 그걸 생각해 보면 A≤B가 되는 이유를 연관 지어 볼 수 있습니다. 진분수인 경우는 여러분의 두뇌를 이용하여 맞혀 보세요. 뇌에 자극을 줌으로써 수학을 이해하는 데 도움을 줍니다.

수학에서 문제를 푸는 것은 진검 승부라고 볼 수 있습니다. 진검 승부의 시간을 갖겠습니다. 문제가 매우 날카로우니 조심하세요.

쏙쏙 문제 풀기

다음 두 수의 대소를 비교하세요.

$$5^8, \quad 9^6$$

슈바르츠의 첫 번째 수업

"으, 날카롭기보단 너무 무서워, 무서워. 무서워요."

옆에 있는 떠벌이가 너무 호들갑을 떠니 내가 다 정신이 없어집니다. 자, 다시 정신을 가다듬고 우리가 적용해야 할 방법부터 찾아보겠습니다. 우리가 적용할 방법은 다행히 앞에서 배운 내용입니다.

> $A>0, B>0$일 때,
> ① $\dfrac{B}{A}>1 \Leftrightarrow A<B$
> ② $\dfrac{B}{A}=1 \Leftrightarrow A=B$
> ③ $\dfrac{B}{A}<1 \Leftrightarrow A>B$

이 중에서 몇 번을 적용하여 녀석을 상대할 것인지 정해 보도록 합니다. 거듭제곱으로 주어진 두 수의 대소를 비교할 때는 두 수의 비를 이용하는 것이 유리합니다. 편의상 앞의 수 5^8을 분자로 올려 보내겠습니다.

$$\frac{5^8}{9^6}=\frac{5^8}{3^{12}}=\left(\frac{5^2}{3^3}\right)^4=\left(\frac{25}{27}\right)^4<1$$

$$\therefore 5^8 < 9^6$$

앞에서 설명한 내용은 수학깨나 한다는 친구들은 이해하겠지만 우리에게는 어려울 수 있습니다. 분모 9^6은 $(3^2)^6 = 3^{12}$으로 만들 수 있습니다. 왜냐면 9는 3^2이 되기 때문이지요. $3^2 = 3 \times 3 = 9$가 되기 때문입니다.

다음으로 이들의 지수를 보겠습니다. 분자에서 5^8의 조그맣게 쓴 8을 지수라고 합니다. 분모의 3^{12}에서 12가 지수입니다. 이들 지수를 가지고 묶어 낼 수 있는 수들을 알아보겠습니다. 8과 12의 공통약수에는 어떤 것들이 있을까요?

"4가 있습니다. 8에도 4가 들어 있고 12에도 4가 들어 있습니다. 4는 공통약수입니다. 공통으로 뽑아낼 수 있는 침전물입니다."

침전물? 아, 떠벌이 화학식에 비유하자면 그렇다는 얘기죠? 좋아요. 자, 그럼 우선 공통인 약수 4를 뽑아내 묶은 $\left(\dfrac{5^2}{3^3}\right)^4$이라는 식을 변화시켜 봅시다. 남들이 지저분하다고 할 수 있으니까 말이에요. 분모의 3^3은 $3 \times 3 \times 3$으로 3을 세 번 곱해서 27이 됩니다. 그리고 분자는 5^2으로 5×5로 25가 됩니다. 그러므로 $\left(\dfrac{25}{27}\right)^4$.

사실 여기서 이미 이 식은 결판났다고 생각해도 됩니다. 왜냐면 일단 분자가 분모보다 작으면 괄호 밖에 있는 지수 4는 신경 쓰지 않아도 됩니다. 이 수는 보나마나 1보다 작을 것이기 때문입니다. 이와 반대로 분자가 분모보다 크면 무조건 1보다 커지고요. 1보다 작다는 말은 분모의 수가 더 크다는 소리입니다. 그래서 $5^8 < 9^6$이 되는 것입니다. 이러한 이치를 머릿속에 잘 정리해 두세요.

"쉬워요. 쉬워요. 쉬워."

이 소리는 떠벌이 군의 소리입니다. 당장은 쉽다고 느껴지고 알 것 같아도 시간이 지나면 곧 까먹으니 머릿속에 잘 이해해 두세요.

자, 이번 시간은 절대부등식의 굳건한 모습을 보며 마치겠습니다. 나와 주세요, 절대부등식!

$$x^2 + 1 > 0$$

이 친구는 말을 합니다. x에 어떤 수를 대입하더라도 자신은 결코 부등호 방향을 바꾸지 않을 것이라고 말입니다.

한번 실험해 봅시다. 우선 x 자리에 5를 찔러 넣어 봅니다.

$5^2+1>0$, 26은 0보다 크니 5를 찔러 넣어도 부등호 방향이 바뀌지 않고 식이 성립합니다. 그래서 이번에는 -7을 넣어 보려고 합니다. -7이 절대부등식에서도 자신의 역할을 잘해 낼지 알아봅니다.

$x^2+1>0$

$(-7)^2+1=49+1>0$

엥? 분명히 x 자리에 -7이 들어갔는데 지수 2의 공격을 받아서 49라는 양수가 되어 버렸습니다. 제곱의 힘은 정말이지 대단합니다. 제곱은 음수를 양수로 바꾸는 힘이 있습니다. 기억해 주세요. 만약 음수인 친구들은 제곱을 만나면 조심하세요. 자신의 인생이 바뀌게 됩니다. 걸리면 양수로 바뀌니까요. 눈 깜짝할 사이에 말입니다.

절대부등식은 이런 말을 남기며 다음 시간에 만나자고 합니다.

"모든 실수의 제곱은 0 이상임을 알아야 한다."

무슨 소리야?

수업 정리

❶ 제곱의 차를 이용한 대소 관계

$A>0, B>0$일 때,

(1) $A^2-B^2=0 \Leftrightarrow A=B$

(2) $A^2-B^2<0 \Leftrightarrow A<B$

❷ 두 수의 비를 이용한 대소 관계

$A>0, B>0$일 때,

(1) $\dfrac{B}{A}>1 \Leftrightarrow A<B$

(2) $\dfrac{B}{A}=1 \Leftrightarrow A=B$

(3) $\dfrac{B}{A}<1 \Leftrightarrow A>B$

2교시

실수와 부등식

절대부등식을 통해 실수에 대해 배워 봅니다.

수업 목표

1. 절대부등식에서 이용되는 실수의 성질을 알아봅니다.
2. 완전제곱식을 이용하는 방법을 배웁니다.

미리 알면 좋아요

1. **사칙 연산** 덧셈, 뺄셈, 곱셈, 나눗셈을 이용하여 하는 셈을 말합니다.

2. **완전제곱식** 어떤 정식의 제곱으로 표현되는 식을 말합니다.

3. **정수** 자연수, 자연수의 음수 및 0을 통틀어 이릅니다.

슈바르츠의 두 번째 수업

 이전 시간에 '실수'라는 말이 등장했는데 우리가 실수라는 말을 안 다루고 넘어갈 수는 없습니다. 그래서 이번 시간에는 실수에 대해서 잠시 알아보도록 하겠습니다.
 "실수, 실수, 실수. 저는 실수를 많이 해 봐서 실수에 대해 잘 알고 있어요. 하하하. 실~수, 실~수, 실~수! 제가 실수라는 용어를 정리해 보겠습니다."

> 실수失手[실쑤]「명사」: 부주의로 잘못함. 또는 그런 행위.

아, 머리가 땅합니다. 떠벌이가 적은 내용은 수학에서 다루는 실수가 아닙니다. 떠벌이를 믿었던 것은 아니지만 정말 실수가 많은 녀석입니다. 우리가 알아야 하는 실수에 대해 알아봅시다.

> 실수實數[실쑤]「명사」:『수학』유리수와 무리수를 통틀어 이르는 말. 사칙 연산이 가능하고, 양수·음수·0의 구분이 있으며, 크기의 차례가 있다.

그제서야 떠벌이는 자신의 진짜 '실수'를 깨달았는지 연방

"실수, 실수." 하며 웃어 댑니다. 그럼 다시 돌아가서, 절대부등식을 증명할 때 이용되는 실수의 성질을 알아봅시다.

1. $a \geq b \Leftrightarrow a-b \geq 0$

앞에서 배운 기본적인 성질입니다. 당연히 앞이 커야 성립하고 큰 수에서 작은 수를 빼면 그 결과가 양수가 나온다는 이치입니다. 누구라도 인정하는 성질입니다.

2. $a \geq 0, b \geq 0 \Leftrightarrow a+b \geq 0, ab \geq 0$

a와 b가 0 또는 양수라고 하면 두 양수를 더하거나 곱하여도 당연히 양수가 됩니다. 우리가 배우려고 하는 절대부등식은 이런 경우에만 성립되는 성질을 가지고 있습니다. 당연한 것을 당연한 것으로 생각하는 것도 수학입니다. 수학자들은 당연한 것을 당연하다고 말할 때 자명하다는 표현을 씁니다.

3. $a \geq b, c \geq d \Leftrightarrow a+c \geq b+d$

나는 이 실수의 성질을 볼 때면 정말 성질이 납니다. 세상은 없는 사람에게 좀 더 혜택이 돌아가야 공평한 것 아닙니까? 어떻게 공평하다는 수학에서 이런 일이 있을 수 있습니까. 즉, 많이 가진 자가 더 가져가는 경우입니다. 많이 가진 자가 더 많아진다는 당연한 결과가 바로 절대부등식에 이용되는 부등식의 성질이라니……. 사실이지만 왠지 씁쓸합니다. 떠벌이가 갑자기 무슨 소리 하냐며 자기도 이해할 수 있도록 알려 달라고 합니다.

$$a \geq b, c \geq d \Leftrightarrow a+c \geq b+d$$

이 식에서는 a가 b보다 크거나 같습니다. 일단 같다는 경우는 잠시 접어 두고 설명을 계속해 나갈게요. c도 d보다 크거나 같습니다. 두 식을 연결시켜 a에 c를 더하고 b에 d를 더하면 당연히 원래 큰 a에 d보다 큰 c를 더하니 $a+c$가 $b+d$보다 커집니다. 있는 놈이 가져가니 없는 놈보다 더 큰 것은 당연한 성질입니다.

"뭐야, 뭐야, 뭐야. 부당해. 불공평해. 공평하지가 않아."

하지만 부등식 자체가 '공평하지 않은 식'이니 어쩌겠습니까? 공평한 식은 등식이고 부등식은 말 그대로 공평하지 않은 식이라는 뜻을 가집니다.

4. $a^2 \geq 0$(단, 등호는 $a=0$일 때)

자, 이번에는 절대부등식의 기본 성질을 다루는 녀석을 소개합니다. 후아, 나중에 보면 알겠지만 지수로서의 2를 보세요. a 위에 올라앉아 우리를 가소롭게 쳐다보고 있는 것 같습니다. 저 조그마한 2가 모든 음수를 양수화시켜 버리는 가공할 만한 위력을 가지고 있으니까요. 떠올리기 싫지만 1교시 끝부분을 좀 회상해 보겠습니다. 떠벌이가 "무서워, 무서워." 하며 소리를 지릅니다. 떠벌이의 입에 일단 마스크를 씌웠습니다.

a에 -7을 넣는 장면이 떠오릅니다. -7은 음의 정수로 양의 정수와는 달리 음침한 구석이 있습니다. 자연수의 반대편에 살고 있는 수가 음의 정수입니다. 그런 음침한 -7도 지수로서의 2를 만나면 믿기 힘들겠지만 양의 정수, 즉 자연수로 바뀌어 버립니다. 보세요. $a^2 \geq 0$ 식의 a 자리에 -7을 대입해 보겠습니다.

$a^2 \geq 0$

$(-7)^2 \geq 0$

$(-7) \times (-7) \geq 0$

$49 \geq 0$

우아! 49는 틀림없이 0보다 큽니다. 왜 이렇게 됐는지 식을 보면 알겠지요? 지수 2의 파워, 즉 제곱승의 파워입니다. 나는 이것을 볼 때면 연금술사가 생각납니다. 어떻게 음수를 저렇게 손쉽게 양수로 만드는지 놀랍습니다. 그래서 나는 이것을 음수의 연금술사라고 부르고 싶습니다. 이 연금술의 비밀은 '—마이너스'가 두 번 곱해지면 양수가 된다는 것입니다. 중학교 1학년 때 배우는 내용입니다. 하지만 책에는 이런 연금술을 노골적으로 적어 둘 수 없으므로 사칙 연산이라는 단원에 숨겨 둔 것입니다. 그렇지만 내가 보기에는 분명 음수의 연금술이 맞습니다.

5. $a^2+b^2 \geq 0$ (단, 등호는 $a=b=0$일 때)

이건 설명하고 말 것도 없습니다. a^2만 해도 음수의 연금술인데 거기다가 b^2까지 더해졌으니 그야말로 무적입니다.

4번과 5번의 성질을 가지고 절대부등식을 대부분 증명할 수 있습니다. a와 b라는 문자를 말로 고쳐 표현해 놓겠습니다.

a와 b의 정체는 실수입니다. 앞에서 실수에 대한 정의를 말했습니다. 그중 (실수)$^2 \geq 0$이거나 (실수)^2+(실수)$^2 \geq 0$임을 주로 다룰 것입니다.

그럼 나온 김에 $a^2 \geq 0$을 이용하는 장면을 보도록 합니다. 말을 기호처럼 표현하면 (실수)$^2 \geq 0$입니다.

$a^2 \geq 0$을 이용하여 우리와 싸우게 될 적을 살펴보겠습니다. 마음의 준비를 단단히 하세요.

> **쏙쏙 문제 풀기**
>
> 모든 실수 a, b에 대하여 부등식 $a^2+ab+b^2 \geq 0$이 항상 성립함을 증명하시오. 또 등호가 성립하는 경우도 말하시오.

일단 우리가 이용해야 할 방법은 어떻게 하든지 (실수)$^2 \geq 0$ 꼴로 만드는 것입니다. $a^2+ab+b^2 \geq 0$을 (실수)$^2 \geq 0$으로 만들어 보면 되는데 어떻게 하면 될까요?

> **쏙쏙 이해하기**
>
> 완전제곱식이란?
>
> 정수에 대해서는 어떤 정수의 제곱으로 이루어져 있는 정수를, 다항식에 대해서는 어떤 다항식의 제곱으로 되어 있는 다항식을 말합니다.

완전제곱식을 이용하면 됩니다.

완전제곱식을 만드는 방법은 쉽지 않지만 차근차근 도전해 보겠습니다.

$$a^2+ab+b^2 = \left(a^2+2\times\frac{1}{2}\times ab+\frac{1}{4}b^2\right)+\frac{3}{4}b^2$$

여기까지 어떻게 나왔는지 몹시 궁금할 것입니다. 앞 식에서 완전제곱식 꼴로 만들기 위한 기술은 ab항 앞에 억지로 2를 만들어 준 것입니다. 마치 퍼즐 끼워 맞추는 것처럼 말입니다. ab항에 억지로 2를 만들어 주다 보니 갑자기 2를 중화시킬 수 있는 $\frac{1}{2}$을 등장시켰습니다. 이 모양에서 2와 a를 남기고 $\frac{1}{2}$과 b를 뒤로 가져가 제곱시켜 $\frac{1}{4}b^2$을 새로 탄생시켰습니다. 하지만 그 탄생은 원래 없던 것이므로 $-\frac{1}{4}b^2$이라는 것도 그림자처럼 붙여 놓아야 합니다. 그래야 식이 성립하니까요.

자, $\left(a^2 + 2 \times \frac{1}{2} \times ab + \frac{1}{4}b^2\right) + \frac{3}{4}b^2$이라는 식이 탄생하기 바로 직전의 모습을 좀 살펴보겠습니다.

$$\left(a^2 + 2 \times \frac{1}{2} \times ab + \frac{1}{4}b^2 - \frac{1}{4}b^2 + b^2\right)$$
$$\left(a^2 + 2 \times \frac{1}{2} \times ab + \frac{1}{4}b^2 - \frac{1}{4}b^2 + \frac{4}{4}b^2\right)$$

그럼 여기에서 끝에 있는 두 항을 계산하면 $-\frac{1}{4}b^2 + \frac{4}{4}b^2 = \left(-\frac{1}{4} + \frac{4}{4}\right)b^2 = \frac{3}{4}b^2$이 됩니다.

그래서 괄호 안은 괄호 안대로 정리되어 $\left(a + \frac{b}{2}\right)^2 + \frac{3}{4}b^2$이 됩니다.

자, 이제 이 식이 항상 성립하게 되는지 알아보도록 합니다. $\left(a+\dfrac{b}{2}\right)^2 \geq 0$은 실수의 제곱 꼴로 성립하게 됩니다. 그리고 $\dfrac{3}{4}b^2 \geq 0$도 성립합니다. $\dfrac{3}{4}$이 양수인 데다 b^2도 0 또는 양수이기 때문이지요. 두 양수를 곱해서 양수가 되는 것은 당연한 결과입니다. 결과적으로 $\left(a+\dfrac{b}{2}\right)^2$도 양수고 $+\dfrac{3}{4}b^2$도 양수니까 그 결과가 굳이 양수라고 말해 무엇 하겠습니까?

이 모습이 절대부등식입니다. 절대! 여기서 끝난 것이 아닙니다. 등호가 성립하는 경우는 $a+\dfrac{b}{2}=0, b=0$일 때, 즉 $a=b=0$인 경우입니다. 확인 작업 들어가면 a^2+ab+b^2의 a와 b에 0을 각각 대입해 보세요. $0^2+0\times0+0^2=0$으로 전부 0을 넣으면 0이 나옵니다. 그래서 부등식을 증명할 때, 등호가 있는 경우는 특별한 말이 없더라도 등호가 성립하는 경우에 대하여 말합니다.

모든 실수에 대하여 성립하는 절대부등식인 경우를 하나만 더 요리하고 이번 수업을 마치겠습니다.

쏙쏙 문제 풀기

$x^2-x+1>0$인 경우가 모든 실수에 대하여 성립하는 절대부등식인지 알아보시오.

"수를 대입해 보면 되잖아요."

수를 대입해서 알아볼 수도 있겠지만 그 방법은 끝이 없기 때문에 다소 어리석은 경우라고 할 수 있죠.

"그럼 어떻게 해요?"

어떡하긴요. 앞에서 배운 실수의 제곱을 이용하면 되지요. 물론 이 식을 완전제곱식으로 고치는 과정을 거쳐서 생각해야 하는 번거로움이 있지만요. 그 번거로움은 모든 수를 대입해 보는 우매함보다는 훨씬 낫습니다.

$$x^2 - x + 1 = \left(x - \frac{1}{2}\right)^2 + \frac{3}{4}$$

갑자기 완전제곱식이 등장해서 당황했지요? 완전제곱식으로 만드는 과정을 보여 주겠습니다.

$$\begin{aligned}x^2 - x + 1 &= x^2 - 2 \times \frac{1}{2} \times x + 1 \\ &= x^2 - 2 \times \frac{1}{2} \times x + \frac{1}{4} - \frac{1}{4} + 1 \\ &= \left(x - \frac{1}{2}\right)^2 + \frac{3}{4}\end{aligned}$$

앞의 식을 잘 살펴보면 x항에서 2를 억지로 빼내다 보니 $\frac{1}{2}$을 사용해야 합니다. 그리고 2와 x를 남겨 두고 $\frac{1}{2}$을 뒤로 보내 제곱합니다. 제곱하면 $\frac{1}{4}$이 되고 없던 $\frac{1}{4}$이 생겼으니 $-\frac{1}{4}$로 식의 균형을 맞춰 주어야 합니다.

그럼 $\frac{3}{4}$은 어떻게 나타난 것일까요?

"음, 그건 $-\frac{1}{4}$과 1이 치고받는 계산 과정에서 생긴 침전물입니다."

이제 $\left(x-\frac{1}{2}\right)^2+\frac{3}{4}$ 식을 가지고 앞의 식이 절대부등식의 힘을 지니고 있는지 알아보도록 합니다.

$\left(x-\frac{1}{2}\right)^2$은 실수의 제곱이므로 0보다 크거나 0이 됩니다. 식으로 나타내면 $\left(x-\frac{1}{2}\right)^2 \geq 0$이 됩니다. 그리고 $\frac{3}{4}$은 누가 봐도 0보다 크다는 사실을 알 수 있습니다.

두 식을 연결시키면 $\left(x-\frac{1}{2}\right)^2+\frac{3}{4}>0$입니다. 따라서 $x^2-x+1>0$이 성립되는 것입니다.

약속대로 이번 수업을 마칩니다. 다음 시간에 만나요.

수업정리

a, b가 실수일 때,

① $a \geq b \Leftrightarrow a - b \geq 0$

② $a \geq 0, b \geq 0 \Leftrightarrow a + b \geq 0, ab \geq 0$

③ $a \geq b, c \geq d \Leftrightarrow a + c \geq b + d$

④ $a^2 \geq 0$ (단, 등호는 $a = 0$일 때)

⑤ $a^2 + b^2 \geq 0$ (단, 등호는 $a = b = 0$일 때)

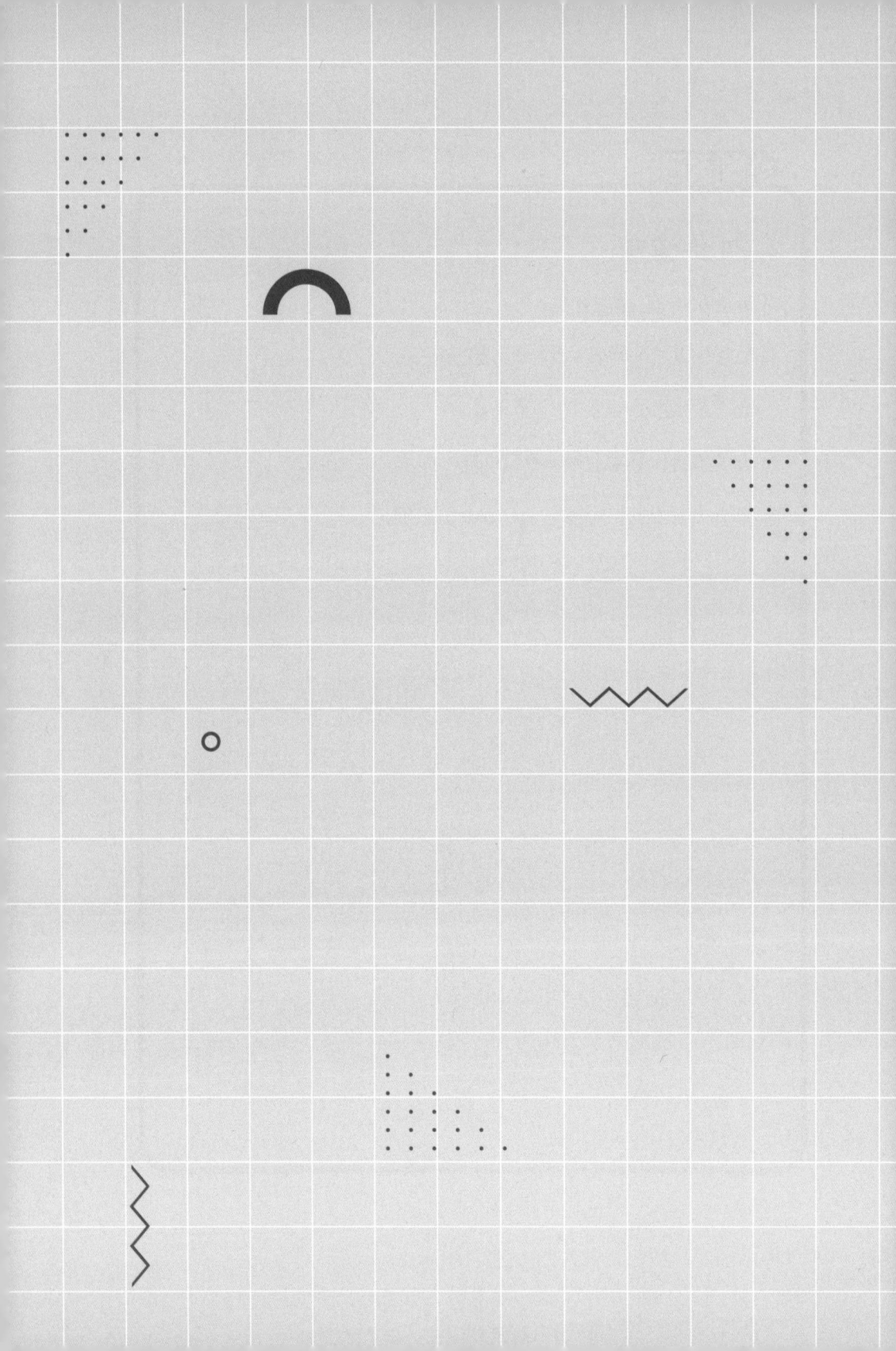

3교시

절대부등식인지를 가려라

절대부등식을 찾는 방법에 대해 배웁니다.

수업 목표

절대부등식을 찾아내는 방법을 배웁니다.

미리 알면 좋아요

1. **인수분해** 정수 또는 정식을 몇 개의 간단한 인수의 곱의 꼴로 바꾸어 나타내는 것을 말합니다.

2. **완전제곱식** 어떤 정식의 제곱으로 표현되는 식을 말합니다.

3. **동류항** 다항식에서 계수는 다르나 문자 인수가 같은 2개 이상의 항을 말합니다.

슈바르츠의 세 번째 수업

앞에서 설명했듯이 절대부등식이란 문자에 어떤 실수를 대입하여도 항상 성립하는 부등식을 말합니다. 절대부등식의 해집합은 모든 실수이므로 실수의 성질, 즉 $(실수)^2 \geq 0$을 이용하여 절대부등식임을 증명합니다. 그리고 두 번째 수업 시간에 배웠던 실수의 성질을 동원하여 증명하기도 합니다.

이제 떠벌이와 나는 이런 실수의 성질을 데리고 여러 절대부등식을 상대해 나가겠습니다.

그러자 떠벌이가 왜 가만있는 나를 끼우냐며 항의합니다. 그래서 나는 앞으로 모터사이클 시동이 잘 걸리기를 원한다면 나와 함께 절대부등식을 무찌르러 가자고 합니다. 우리가 절대부등식을 가려내지 못하면 앞으로 모터사이클에서 부등부등 식식부등식 하는 소리를 절대로 못 들을 것이라고 하니 절대부등식 떠벌이는 얼굴색을 바꾸며 "무찌르자! 절대부등식!" 하면서 따라옵니다.

앗, 저기 모퉁이를 도는 어떤 부등식이 하나 보입니다. 저 녀석은 어떤 부등식일까요? 떠벌아, 얼른 저 녀석을 잡아 보자. 우리는 녀석을 불러 세웠습니다.

$$a^2 + 2ab + b^2 \geq 0$$

음, 녀석의 모습은 좀 알쏭달쏭합니다. a^2과 b^2만 보면 분명히 실수의 제곱으로 절대부등식이 맞는데 $2ab$를 보면 아닐 수도 있습니다. 우리가 녀석에게 스스로 정체를 밝히라고 하자 녀석은 웃기만 합니다. 그럼 그렇지. 순순히 자신의 정체를 밝힐 리가 없습니다. 분명 a와 b가 모두 실수임에는 틀림이 없는 것 같습니다. 마침 우리 옆을 지나는 완전제곱식이 나를 보며 윙크 하고 지나갑니다. 기분은 느끼했지만 그 순간 내 머리를 치고 가는 생각이 있습니다.

그렇습니다. 완전제곱식이 나를 보고 윙크한 것은 어떤 이유가 있었던 것입니다. 내가 완전제곱식의 의미를 깨닫자 $a^2+2ab+b^2 \geq 0$은 당황하는 빛을 보입니다. 나는 녀석의 양팔을 잡아 바로 완전제곱식으로 만들어 버립니다.

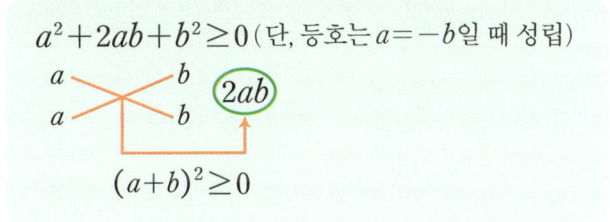

슈바르츠의 세 번째 수업

인수분해를 통해 완전제곱식으로 만들었습니다. 여기서 $(a+b)=$실수, $(실수)^2 \geq 0$이고 $(a+b)^2 \geq 0$이므로 $a^2+2ab+b^2 \geq 0$은 절대부등식임이 성립합니다.

우리는 그 녀석을 체포하여 절대부등식을 담는 호리병에 넣었습니다. 녀석을 체포한 것에 기분이 좋았던지 떠벌이는 연신

입을 다물지 못합니다. 그 입속으로 하루살이 같은 이상한 벌레가 들락날락합니다.

떠벌아, 아무리 배가 고파도 그렇지 그런 식으로 단백질을 섭취하면 어떡하니? 안 되겠다. 오랫만에 같이 순대국밥이나 먹으러 가자. 역시 맛있는 순대국밥집은 항상 손님으로 붐비기 마련입니다. 앗, 그런데 저기! 순대국밥에 연신 새우젓을 넣고 있는 한 녀석이 보입니다. 어쩐지 행동이 수상해 보입니다. 녀석을 보세요.

$$(a+b)^2 \geq 4ab$$

냄새가 납니다, 냄새가 나…….

일단 떠벌이 녀석의 신발을 신기고, 그 녀석에게 다가갑니다. 내가 녀석에게 "a가 실수이면 $a^2 \geq 0$!"이라고 하자, 당황한 녀석은 그만 자리를 뜨려고 합니다. 나는 녀석의 어깨를 붙잡고 다시 자리에 앉힙니다.

"워, 워, 워!"

넌 절대부등식이 맞지? 안 그래?

나는 부등호 우변에 있는 $4ab$를 좌변으로 옮겨 놓습니다. 좌변으로 옮겨진 $4ab$는 마치 감자에 젓가락이 꽂히듯 마이너스를 달게 됩니다.

순대국밥에 고춧가루를 넣어 풀듯이 $(a+b)^2$를 휘휘 저어 전개시키면 $a^2+2ab+b^2$이 됩니다. 공식에 의한 전개도 가능하고 $(a+b)(a+b)$로 원시적으로 다 곱해서 전개해도 됩니다.

$$a^2+2ab+b^2-4ab$$
$$=a^2-2ab+b^2$$
$$=(a-b)^2 \geq 0$$

$2ab$와 $-4ab$는 동류항이므로 계산하면 $-2ab$가 나옵니다. $a^2-2ab+b^2$은 완전제곱식으로 만드는 인수분해를 하면 결국 $(a-b)^2$이 됩니다. 이 모양은 (실수)^{2}이므로 0보다 크거나 같은 절대부등식임을 알 수 있습니다.

녀석은 더 이상 자기가 절대부등식임을 부정할 수 없게 되었습니다. $(a+b)^2 \geq 4ab$는 문자에 어떤 실숫값을 대입하여도 성립하는 부등식인 절대부등식입니다.

사건이 해결된 후, 우리는 정글을 헤매고 있습니다. 모기 떼로 인해 며칠째 잠을 설치며 절대부등식 중에서도 엄청 길다고 소문난 일명 '아나콘다 부등식'을 찾고 있습니다. 떠벌이는 무서운지 그만 돌아가자고 연신 나불거립니다. 그러더니 갑자기 또 배가 아프다고 어디론가 휑하니 사라져 버립니다. 참 어이없는 친구입니다.

"쉬익, 쉬익."

무슨 소리일까 궁금해하는데 어디선가 떠벌이의 비명 소리가 들립니다. 그곳으로 달려가 보니, 이게 웬일입니까? 떠벌이가 우리가 찾던 그 아나콘다 부등식에게 몸이 칭칭 감겨 있는 게 아닙니까? 일단 녀석의 모습을 제대로 한번 살펴보도록 합니다.

$$a^2+b^2+c^2-ab-bc-ca \geq 0 (단, 등호는 a=b=c일 때 성립)$$

녀석의 몸길이가 장난이 아닙니다. "뱀에게 물려도 정신 차리면 아프기만 하다."라는 속담이 있습니다. 내가 여기서 저 녀석의 정체가 절대부등식임을 증명한다면 떠벌이의 목숨을 살

릴 수 있을 겁니다. 녀석을 완전제곱 형태로 만든다면 가능한 일입니다. 하지만 녀석의 몸길이가 너무 길어 힘으로 둘둘 말기에는 역부족입니다. 나는 녀석의 빠른 몸놀림을 둔화시키기 위해서 2라는 먹이를 던져 좌변의 모든 항에 2를 곱하여 줍니다.

$$2a^2+2b^2+2c^2-2ab-2bc-2ca$$

모든 항에 2가 곱해진 녀석은 빠르기가 $\frac{1}{2}$로 줄어듭니다. 이것을 수학적인 상황으로 만들어 보면,

$$\frac{1}{2}(2a^2+2b^2+2c^2-2ab-2bc-2ca) \geq 0$$

이 식과 $a^2+b^2+c^2-ab-bc-ca \geq 0$은 알고 보면 같은 식입니다. 원래 같은 아나콘다 부등식이니까요.

$$\frac{1}{2}(2a^2+2b^2+2c^2-2ab-2bc-2ca) \geq 0$$

이제 둔화된 녀석을 완전히 제압하기 위해서 완전제곱식을 이용할 것입니다. 떠벌이의 목숨이 달린 긴박한 상황이니 완전제곱식에 대한 완전한 기술을 익히고 사용하도록 합니다.

완전제곱식에 대해 알아봅니다.

예를 들어, $a^2+2ab+b^2=(a+b)^2$은 완전제곱식이라고 볼 수 있습니다. 앞에 있는 a^2과 뒤에 있는 b^2, 그리고 가운데 있는 $2ab$가 하나의 식을 이룰 때, 그 식은 $(a+b)^2$으로 만들 수 있습니다. a 자리에 x가 오고, b 자리에 y가 오면 가운데는 반드시 $2xy$가 되어야 합니다. 그러면 그 결과는 $(x+y)^2$이 됩니다.

이제 떠벌이의 목숨을 건 도박을 해 봅시다. $\frac{1}{2}(2a^2+2b^2+2c^2-2ab-2bc-2ca) \geq 0$이라는 녀석을 완전제곱식이 되도록 하기 위하여 $2a^2$, $2b^2$, $2c^2$을 화학 실험에서 분자를 쪼개듯이 $2a^2$은 a^2+a^2으로, $2b^2=b^2+b^2$, $2c^2=c^2+c^2$으로 각각 나누어 줍니다. 원리는 동류항끼리 계산하는 것의 역이라고 보면 됩니다.

$$\frac{1}{2}(a^2+a^2+b^2+b^2+c^2+c^2-2ab-2bc-2ca) \geq 0$$

이제는 두 눈 부릅뜨고 머리를 회전시켜서 생각하는 시간입니다. 떠벌이는 다 죽어 가고 있습니다. 내가 바로 정리를 해서 완전제곱식으로 만들겠습니다. 시간이 너무 촉박합니다. 바로 다음 식 전개를 보세요.

$$\frac{1}{2}(a^2+a^2+b^2+b^2+c^2+c^2-2ab-2bc-2ca) \geq 0$$

각자 위치로!

$$\frac{1}{2}(a^2-2ab+b^2+b^2-2bc+c^2+c^2-2ca+a^2) \geq 0$$

$$\frac{1}{2}\{(a-b)^2+(b-c)^2+(c-a)^2\} \geq 0$$

여기서 (실수)$^2 \geq 0$이므로 $(a-b)^2 \geq 0$, $(b-c)^2 \geq 0$, $(c-a)^2 \geq 0$입니다. $\frac{1}{2}$도 양수니까 $a^2+b^2+c^2-ab-bc-ca \geq 0$은 절대부등식임이 성립합니다.

"이 못된 아나콘다 부등식아! 너의 정체를 알아냈다. 수학에 별로 도움은 안 되지만 떠벌이를 놓아주어라!"

내가 외치는 소리에 아나콘다 부등식은 찔끔하여 떠벌이를 풀어 주고 도망가 버립니다. 떠벌이는 풀려나자 바로 혈색이 돌아옵니다. 정말 조금만 늦었어도 큰일 날 뻔했습니다.

"와, 죽을 뻔했어, 죽을 뻔했어. 진짜 무서워. 숨이 어찌나 막히던지. 우아, 숨 막혀, 숨 막혀!"

우리는 다시 정글을 빠져나와 집으로 돌아가기 위해 공항으

슈바르츠의 세 번째 수업

로 갔습니다. 공항은 많은 사람으로 북적이고 있습니다. 앗! 그런데 어디서 많이 본 듯한 얼굴이 보입니다. 이번에도 떠벌이가 용변이 급해 화장실을 다녀오던 사이에 그를 발견한 것입니다. 여러분도 한번 유심히 살펴보세요.

$$a^2 > 4a - 5$$

아무래도 절대부등식 같지 않습니까? 그래서 나는 공항 경찰과 함께 조사하기로 했습니다. 공항 경찰이 조사에서 이상한 점을 발견하지 못하고 있을 때, 나는 그의 소지품인 $4a$와 -5를 좌변으로 이항시킵니다.

$a^2-4a+5>0$

뭔가 냄새는 나는데 아직까지는 절대부등식인지 확실하지 않습니다. a^2-4a+5는 인수분해를 하려고 해도 인수분해가 되지 않습니다. 그래서 냄새가 더욱더 나는 것 같습니다.

공항 경찰이 검색을 하다가 완전히 지쳐 포기하려던 순간, 나도 완전히 지친 상태에서 완전제곱식이 생각났습니다. 완전제곱식을 이용해 보는 것입니다.

부호는 신경 쓰지 말고 $4a$에서 4를 2로 나눈 몫을 뒤로 가져가서 제곱을 시킵니다. 제곱시킨 값은 원래 없는 값이니 더한 만큼 다시 빼는 것이 옳습니다.

$a^2-4a+4-4+5$

앞에서 세 항만 가지고 완전제곱식을 만들 수 있습니다.

$(a-2)^2+1>0$

$(a-2)^2$은 (실수)^2 꼴이니까 0보다 크거나 같은 것은 당연합니다. 그리고 1은 0보다 크니까 이 식은 절대부등식이 됩니다. 녀석이 절대부등식이라는 것이 밝혀지자 공항 경찰이 녀석을 체포하여 데리고 갔습니다.

변수에 어떠한 실수를 대입하여도 항상 성립하는 부등식을 절대부등식이라고 합니다. 변수라는 말에 떠벌이가 똥의 수로 잘못 생각할까 봐 두렵습니다. 변수는 x나 a 같은 문자입니다.

절대부등식임을 보일 때는 그 부등식이 모든 실숫값에 대하여 성립하는 이유를 분명히 밝혀야 합니다. 그것을 '부등식을 증명한다.'라고 합니다. 부등식을 증명할 때는 부등식의 성질을 이용해야 합니다. 앞에서는 (실수)$^2 \geq 0$을 주로 사용하였습니다. 다음 시간부터는 다른 방법을 사용하여 절대부등식을 찾아보겠습니다. 그럼 이번 수업을 마치도록 하겠습니다.

수업정리

❶ 변수에 어떠한 실수를 대입하여도 항상 성립하는 부등식을 절대부등식이라고 합니다.

❷ 절대부등식임을 보일 때는 그 부등식이 모든 실숫값에 대하여 성립하는 이유를 분명히 밝혀야 합니다. 그것을 '부등식을 증명한다.'라고 합니다. 부등식을 증명할 때는 부등식의 성질을 이용해야 합니다.

4교시

절대부등식 찾아내기

절대부등식의 판정에 대해 알아봅니다.

수업 목표

1. 루트 기호를 포함한 절대부등식의 판정을 알아봅니다.
2. 절댓값 기호를 포함한 절대부등식의 판정을 알아봅니다.

미리 알면 좋아요

1. **루트** 제곱근 어떤 수 a를 두 번 곱하여 x가 되었을 때, a를 x의 제곱근이라고 합니다. 하나의 수에 대하여 그 제곱근은 양수와 음수 2개가 있습니다.

2. **절댓값** 실수에서 양 또는 음의 부호를 떼어 버린 수를 말합니다. a의 절댓값은 $|a|$로 나타냅니다.

3. **통분** 분수의 크기 비교를 위해서 분모를 같게 만든 것을 말합니다.

4. **좌변** 등호의 왼쪽 부분을 말합니다.

5. **우변** 등호의 오른쪽 부분을 말합니다.

6. **수학적 귀납법** 자연수 n에 관한 명제가 $n=1$일 때 참이고 $n=k$일 때 참이라고 가정하여, $n=k+1$일 때 참임을 보여서 그 명제가 모든 자연수 n에 대하여 성립한다고 증명하는 방법을 말합니다.

슈바르츠의 네 번째 수업

이번 시간에는 각종 절대부등식을 찾아내는 기술을 낱낱이 가르쳐 주겠습니다. 떠벌이! 자네도 이 기술을 익혀서 다시 수능 시험 보고 좋은 대학에 들어가도록 하세요.

"아니, 선생님 제 나이가 벌써 서른인데 어떻게 대학에 들어갑니까?"

그의 말은 간단히 무시하고 수업을 진행하도록 하겠습니다.

처음으로 배울 기술은 $\sqrt{}$ 루트가 있거나, $|\ \ |$ 절댓값 기호가 있

는 경우 제곱시켜서 알아보는 방법입니다. 일단 루트가 무엇인지 알아보겠습니다.

> **쏙쏙 이해하기**
>
> 어떤 수 x를 제곱하여 a가 되었을 때, x를 a의 제곱근이라고 한다. 실수 a와 자연수 n에 대하여 $x^n = a$를 만족시키는 x가 존재할 때, 이것을 a의 n제곱근이라 하고, 특히 $n=2$일 경우를 제곱근이라고 한다. 이 제곱근을 표현할 때 사용하는 기호를 $\sqrt{}$ 루트라고 한다.

그럼 간단한 예를 통해 루트의 쓰임에 대해 알아보겠습니다. $x^2 = 3$이라는 식이 있다고 합시다. 여기서 x값을 구하려고 한다면 어떻게 해야 할까요? 언뜻 보기에 어떤 수를 제곱하여 3을 나타내기란 무척 어려워 보입니다. 일반수로는 불가능해 보입니다. 그래서 등장한 것이 바로 루트입니다.

$$x^2 = 3$$
$$x = \pm\sqrt{3}$$

x 위의 제곱을 없애 주는 대신 3 위에 거적때기 같은 $\sqrt{}$ 를 씌워 줍니다. 그리고 거적때기 $\sqrt{}$ 앞에 '$\pm$'를 붙여 주어야 합니다. 자, 아쉽지만 루트에 관한 이야기는 짧으나마 여기서 끝내도록 하고 우리가 배울 문제에 대해 알아보겠습니다. $\sqrt{}$ 가 있는 절대부등식과 맞서 싸워 보는 것입니다.

쏙쏙 문제 풀기

$a \geq 0, b \geq 0$일 때, $\sqrt{a} + \sqrt{b} \geq \sqrt{a+b}$임을 증명하시오.

역시 만만치 않은 놈들입니다. 등장하자마자 반말을 찍찍 내뱉고 있습니다. $\sqrt{}$ 가 포함된 절대부등식이 나타나자 쿵! 하고 떠벌이의 심장이 내려앉는 소리가 들립니다. 하나 절대부등식의 왕자 슈바르츠가 있는데 뭐가 두렵습니까? 여러분도 나를 믿고 싸워 봅시다.

녀석의 약점인지 강점인지, 아니면 함정인지는 모르겠지만 $a \geq 0, b \geq 0$이라는 조건이 붙어 있습니다. 이 말은 곧 a, b 둘 다 0 또는 양수라는 뜻입니다. 나는 조용히 떠벌이에게 내가 앞으로 사용할 기술을 보여 줄 것입니다. 자, 여러분도 한번 자세히 살펴보세요.

$$a \geq 0,\ b \geq 0 \text{일 때},\ a^2 - b^2 > 0 \Leftrightarrow a^2 > b^2 \Leftrightarrow a > b$$

각 문자에 제곱을 걸어 주고 두 수의 차가 양수이면 다음과 같이 증명할 수 있다는 기술입니다. 한때 엄청나게 많이 사용하던 기술입니다. 이 기술이 발명되기 전에 $\sqrt{}$가 있는 절대부등식 녀석은 마치 자신이 수학의 왕이라도 되는 것처럼 설치고 다녔습니다. 아무도 그를 건들지 못했기 때문입니다. 많은 학생이 그로 인해 곧잘 피눈물을 흘려야만 했습니다. $\sqrt{}$ 안에 어떤 수가 들어가면 무리수가 되어 그 녀석의 정체를 알 수 없게 되니까요. 하지만 제곱의 기술이 발견되고 나서 그는 곧 '비 맞은 생쥐' 꼴이 되고 말았답니다. 마치 $\sqrt{}$라는 처마 아래서 비를 피하던 그가 말입니다. 하하하! 자, 이제 증명해 보이겠습니다.

증명에 앞서 문자, 대수에 적응이 안 되는 친구들을 위해 수를 가지고 확인해 보도록 합시다.

$a \geq 0,\ b \geq 0$인 $a,\ b$를 택합니다. 그리고 $a=5,\ b=7$이라고 하고 $\sqrt{a}+\sqrt{b} \geq 0,\ \sqrt{a+b} \geq 0$에 대입해 봅니다.

$$\sqrt{5}+\sqrt{7}\geq 0, \sqrt{5+7}=\sqrt{12}\geq 0$$

a와 b가 0보다 크거나 같으면 성립합니다. a와 b가 0보다 크거나 같을 때 이 녀석이 절대부등식이 되는지 이제 증명을 통해 확인 들어갑니다.

지금 하늘에서는 계속 비가 내리고 있습니다. $\sqrt{a}+\sqrt{b}\geq\sqrt{a+b}$ 녀석들은 비를 맞으면 죽습니다. 그래서 $\sqrt{}$ 라는 거적때기를 쓰고 있는 것입니다. 나는 저 녀석들의 거적때기를 없애기 위해 양변에 제곱을 걸어 줍니다. 제곱을 건 상태에서 우변의 것을 좌변으로 옮겨 빼기를 합니다.

$$(\sqrt{a}+\sqrt{b})^2-(\sqrt{a+b})^2\geq 0$$

$\sqrt{a}+\sqrt{b}$와 $\sqrt{a+b}$ 를 각각 제곱하여 뺐습니다. 계산해 보겠습니다.

$$(a+2\sqrt{ab}+b)-(a+b)=2\sqrt{ab}\geq 0$$

앗! 갑자기 왜 이런 식이 나왔냐고 여기는 친구들도 있을 겁니다. 떠벌이의 당황하는 낯을 보니 알겠습니다.

$$(\sqrt{a})^2 = a$$
$$(\sqrt{a}+\sqrt{b})^2 = (\sqrt{a})^2 + 2\sqrt{a}\sqrt{b} + (\sqrt{b})^2$$
$$= a + 2\sqrt{ab} + b$$

제곱근의 성질에 따라 식이 변한 것입니다. 앞으로 이런 모양이 나오면 무조건 알맹이만 쏘옥 빼내고 다른 것은 지워도 됩니다. 3×4=12가 되듯이 이것도 하나의 약속이자 성질입니다. 그래서 $(\sqrt{b})^2 = b$가 됩니다. $\sqrt{a}\sqrt{b} = \sqrt{ab}$가 되는 것 역시 제곱근의 성질에 따른 것입니다. a와 b가 각각의 거적때기를 덮고 있다가 a와 b가 사랑을 하게 되어 한 거적때기를 덮고 있다고 생각하면 됩니다. 그 말은 a와 b를 곱할 수 있다는 말입니다. 사랑은 눈에 보이지 않는 것처럼 a와 b 사이에 곱하기 기호도 생략되어 있습니다.

다음으로 알아야 할 것이 $(\sqrt{a+b})^2 = a+b$가 되는 것인데 이건 앞에서 설명한 $(\sqrt{a})^2 = a$의 개념과 같습니다. 알맹이만 쏘옥!

이제 전체적으로 계산해 보겠습니다.

$$(a+2\sqrt{ab}+b)-(a+b)$$
$$=a+2\sqrt{ab}+b-a-b$$
$$=2\sqrt{ab}\geq 0$$

따라서 앞의 식은 절대부등식이라고 할 수 있습니다.

$\sqrt{}$가 들어 있는 부등식을 하나 더 증명해 봅니다. 양수 a, b에 대하여 다음 부등식을 증명하겠습니다.

$$\sqrt{\frac{a^2+b^2}{2}} \geq \frac{a+b}{2}$$

또 등호가 성립하는 경우를 조사하겠습니다. 먼저 우리가 생각해야 할 점은 $a \geq 0, b \geq 0$일 때 $a \geq b \Leftrightarrow a^2 \geq b^2$입니다. 일단 루트가 있으니 양변을 제곱하여 빼야 합니다.

$$\left(\sqrt{\frac{a^2+b^2}{2}}\right)^2 - \left(\frac{a+b}{2}\right)^2$$
$$= \frac{a^2+b^2}{2} - \left(\frac{a+b}{2}\right)^2 \text{지수법칙에 의해 두 번째 항이 변신합니다.}$$
$$= \frac{a^2+b^2}{2} - \frac{(a+b)^2}{4} \text{분자를 완전제곱식으로 전개합니다.}$$
$$= \frac{a^2+b^2}{2} - \frac{a^2+2ab+b^2}{4}$$
$$= \frac{2(a^2+b^2)-a^2-2ab-b^2}{4}$$

두 항을 통분시켜 보았습니다. 통분을 시키고 난 후 분자끼리 계산해야지요.

$$\frac{2a^2+2b^2-a^2-2ab-b^2}{4} = \frac{a^2-2ab+b^2}{4}$$

자, 여기까지 왔으면 대단한 것입니다. $a^2-2ab+b^2=(a-b)^2$ 으로 완전제곱식을 이용한 인수분해가 됩니다. $\frac{a^2-2ab+b^2}{4} = \frac{(a-b)^2}{4}$ 으로 바뀝니다.

여기서 생각해 보도록 합니다. $\frac{(a-b)^2}{4} \geq 0$, (실수)$^2 \geq 0$이고 $\frac{1}{4}$ 역시 0보다 크기 때문에 이 식은 절대적으로 성립합니다.

아 참, 한 가지 빠진 게 있습니다. 등호가 성립하는 경우도 조사해 보기로 했습니다.

$$\sqrt{\frac{a^2+b^2}{2}} \geq \frac{a+b}{2}$$

등호가 성립하는 경우는 $a=b$일 때입니다. 수학은 말로 설명하는 것보다 수를 통해 보여 주는 것이 더 빠릅니다. 일단 1을 대입해 보겠습니다.

$$\sqrt{\frac{a^2+b^2}{2}} \geq \frac{a+b}{2} \, (a=1, b=1)$$

$$\sqrt{\frac{1^2+1^2}{2}} \geq \frac{1+1}{2}$$

좌변과 우변을 따로 계산해 보겠습니다. 좌변은 $\sqrt{\frac{2}{2}}=\sqrt{1}=1$ 이고, 우변은 $\frac{1+1}{2}=\frac{2}{2}=1$로 같아집니다. a와 b가 1로 같아지면 등호가 성립하게 됩니다. 결과가 같으니 당연히 등호가 성립하는 것입니다.

하나만 해서는 믿음이 가지 않는 친구들을 위해 2를 가지고 한 번 더 해 보겠습니다. 이제는 2를 식에 대입해 보겠습니다.

$$\sqrt{\frac{a^2+b^2}{2}} \geq \frac{a+b}{2} (a=2, b=2)$$

$$\sqrt{\frac{2^2+2^2}{2}} = \sqrt{\frac{4+4}{2}} = \sqrt{\frac{8}{2}} = \sqrt{4} = 2$$

좌변의 식이 2를 맞이하여 진화되는 과정입니다. 결국 2라는 결과를 가져왔습니다. 이제 우변에 2를 대입시켜 변화를 지켜보겠습니다.

$$\frac{2+2}{2} = \frac{4}{2} = 2$$

우변은 간단하게 2가 나왔습니다. 결과적으로 같은 수를 넣으면 좌변과 우변이 같아지면서 등호가 성립하게 됩니다.

마지막으로 왜 그런지 식으로 증명해 보이겠습니다.

$$\sqrt{\frac{a^2+b^2}{2}} \geq \frac{a+b}{2} (a=x, b=x)$$

$$\sqrt{\frac{x^2+x^2}{2}} \geq \frac{x+x}{2}$$

따라서, 등호가 성립하는 경우는 $a=b$일 때입니다.

이제 절댓값 기호가 있는 절대부등식에 관해 알아보도록 하겠습니다. 나는 절댓값 기호를 보면 동네 아저씨들이 자동차 배터리를 이용해 강에서 물고기를 잡던 기억이 납니다. 여러분이 사는 동네에도 자동차 배터리에 쇠막대기 2개를 꽂아 물고기를 잡는 아저씨들이 있었을 겁니다. 그런 방법으로 물에 전기를 통하게 하면 물고기들은 기절하여 물 위로 둥둥 떠오르게 됩니다. 물론 그런 행위는 불법입니다.

그 아저씨들이 사용한 쇠막대기 2개를 보면 나는 절댓값 기호| |가 생각납니다. 그 막대기에 전기를 통하게 해 물고기를 양껏 잡아 올리는 것처럼, 수나 문자에 | | 기호를 붙이면 그

것은 모두 양수가 됩니다. 예를 들어, －3에 ││ 기호를 씌우면, │－3│＝3이 됩니다. 양쪽 막대기에 전류가 통하면 음수는 양수로 바뀌어 버립니다. 이런 절댓값 기호를 없애는 방법으로 제곱이 있습니다.

다음 부등식을 증명해 보도록 합시다.

$|a|+|b| \geq |a+b|$ (단, 등호는 $a \geq 0, b \geq 0$일 때)

경찰 아저씨가 전류가 흐르는 쇠막대기 사용을 제지하듯이 우리도 이 부등식의 양변에 제곱을 걸어 줍니다. 그런데 잠깐, 우리는 제곱을 걸기 전에 $|a|+|b| \geq 0$, $|a+b| \geq 0$이므로 $(|a|+|b|)^2$과 $|a+b|^2$의 대소 관계를 조사해야 합니다. 이때, $|a|^2 = a^2$이 된다는 정보를 미리 가르쳐 주겠습니다.

$(|a|+|b|)^2 - |a+b|^2$

일단은 제곱해서 두 식을 빼 봅니다. 앞의 제곱 항은 전개합니다.

$= |a|^2 + 2|a||b| + |b|^2 - (a+b)^2$

절댓값 기호에 신경 쓰지 말고 완전제곱식의 전개처럼 전개

하여 절댓값 기호를 씌워 줍니다. 앞에서 가르쳐 준 정보대로 $|a|^2=a^2$을 이용하여 식을 다시 고쳐 줍니다.

$$=a^2+2|ab|+b^2-(a+b)^2$$

벌써 고쳐진 $|a+b|^2=(a+b)^2$도 $|a|^2=a^2$을 이용한 것입니다. $(a+b)^2$도 전개해 보겠습니다.

$$=a^2+2|ab|+b^2-a^2-2ab-b^2$$
$$=2|ab|-2ab$$

소거될 항들이 소거된 결과입니다. 절댓값 기호에 신경 쓰지 말고 공통인수 2를 앞으로 빼세요. 그러면 이에 낀 찌꺼기를 뺀 것처럼 시원할 것입니다.

$$=2(|ab|-ab)$$

자, 이제는 $|ab|$가 큰지 ab가 큰지를 가려내야 합니다. 만약

$|ab|$가 ab보다 크다면 양수가 되어 이 식은 절대부등식입니다.

$|ab|$ vs ab. 여러분이 이것을 논리적으로 이해하기란 쉽지 않습니다. 그래서 수를 넣어서 생각해 보도록 합니다. $a=1$, $b=-2$라고 하면,

$|ab|=|1\times(-2)|=|-2|=2$
$ab=1\times(-2)=-2$

부호가 다른 수를 대입하니 $|ab|$가 큽니다. 그럼 둘 다 양수인 수를 대입하겠습니다. $a=2, b=3$입니다.

$|ab|=|2\times3|=|6|=6$
$ab=2\times3=6$

둘 다 양수일 때는 크기가 같습니다. 여기서 정의를 내려 보면 등호는 $|ab|=ab$, 즉 $ab\geq0$일 때 성립합니다. 따라서 $|ab|\geq ab$이므로 $2|ab|-2ab\geq0$입니다. 그리하여 $|a|+|b|\geq|a+b|$는 성립합니다.

그런데 내가 이 증명을 마쳤는데도 떠벌이는 의문이 남았는지 식을 뚫어져라 쳐다봅니다. 떠벌이는 다음 부분이 이해가 안 간다고 묻습니다.

$|a|^2+2|a||b|+|b|^2-(a+b)^2$
$=a^2+2|ab|+b^2-(a+b)^2$

"$2|a||b|$ 부분이 $2|ab|$로 바뀌는 것이 이해가 안 가요!"

아, 그건 절댓값의 성질을 보면 $|a||b|=|ab|$로 같습니다. 안 가르쳐 주면 알 수 없는 부분이기도 합니다. 나는 이 부분을 쇠막대기 이론으로 가르치고 있습니다. 정리하면 다음과 같습니다.

$$|a||b|=|a \times b|=|ab|$$

이때 어디선가 낯선 인물이 등장합니다. 확인해 보니 베르누이라고 합니다.

베르누이는 수학자 한 사람만을 가리키지 않습니다. 베르누이가家는 스위스 수학자 집안으로, 삼대에 걸쳐 8명이나 되는 수학자를 배출했습니다. 대표적인 수학자로 야코프 베르누이, 요한 베르누이, 다니엘 베르누이가 있습니다.

이번 수업의 마지막은 방금 소개한 베르누이가가 연구한 베르누이 부등식을 배워 보며 마치도록 하겠습니다.

$h>0$일 때, $n≥2$인 모든 자연수 n에 대하여 다음 부등식이 성립함을 수학적 귀납법을 이용하여 증명해 보겠습니다.

수학적 귀납법 mathematical induction

수학에서 어떤 주장이 모든 자연수에 대해 성립함을 증명하기 위해 사용되는 방법이다. 무한개의 명제를 함께 증명하기 위해 먼저 '첫 번째 명제가 참임을 증명'하고, 그다음에는 '명제 중 어떤 하나가 참이면 언제나 그다음 명제도 참임을 증명'하는 방법으로 이루어진다.

$$(1+h)^n > 1+nh$$

$(1+h)^n > 1+nh$에서 자연수의 둘째 항 2부터 성립하므로, $n=2$일 때, (좌변)$=(1+h)^2$, (우변)$=1+2h$가 됩니다. n 자리에 2를 대입한 결과입니다.

따라서 (좌변)$-$(우변)$=1+2h+h^2-(1+2h)=h^2>0$이 됩니다. 좌변과 우변을 빼서 양수가 나오면 $n=2$일 때는 일단 식이 성립하는 것입니다. 이제 $n=k$(단, $k\geq 2$)일 때, 앞의 식이 성립한다는 가정하에 들어가는 것입니다.

$$(1+h)^k > 1+kh$$

여기서 상당한 수학적 안목과 기술이 필요합니다.

$$(1+h)^k(1+h) > (1+kh)(1+h)$$

양변에 똑같이 $1+h$를 곱해 줍니다. 왜 $1+h$를 곱해 주는지는 식을 하나 더 정리해 보고 설명하겠습니다. 그리고 $1+h>0$ 이므로 양변에 곱해도 부등호 방향은 바뀌지 않습니다.

$$(1+h)^{k+1} > (1+kh)(1+h)$$

도끼눈으로 좌변을 쳐다보세요. 우리가 알고 싶었던 것은 수학적 귀납법의 형식을 따르는 것, n번째가 성립한다면 $n+1$번째에서도 성립할까였습니다. 그래서 지수를 $k+1$로 만들기 위해 $1+h$를 곱해 주었습니다.

아직 이해가 안 되는 친구들이 있을 것입니다. k번째 항에 $(1+h)$를 곱해 주면 $(1+h)$ 위에 조그마한 지수 1이 생략되어 있다는 것을 알 수 있습니다.

$$(1+h)^k(1+h)^1$$

이렇게 작은 차이가 지수 법칙을 일으켜서 $(1+h)^{k+1}$로 변신합니다. 화학 변화를 일으키듯 말입니다. $(1+h)^{k+1}$의 의미는 $1+h$가 $k+1$번째라는 의미도 가지고 있습니다.

자, 이제는 $n=k+1$에서도 이 $(1+h)^{k+1}>(1+kh)(1+h)$ 식이 성립하는지 알아보겠습니다. 좌변은 우리가 인위적으로 모양을 만들었습니다. 우변이 성립된다면 만사 OK입니다.

우변은 $(1+kh)(1+h)$ 부분입니다. 일단 이 일차식의 곱을 전개해 보도록 합니다.

$$(1+kh)(1+h)=1+(k+1)h+kh^2>1+(k+1)h$$

우변을 전개하였고 좌변에 등장한 $1+(k+1)h$는 원래 $1+kh$에 k 대신 우리가 알고 싶은 $k+1$을 대입하여 만든 것입니다.

이제 이 비밀을 가지고 $1+(k+1)h+kh^2>1+(k+1)h$를 생각해 보겠습니다. 좌변이 우변보다 kh^2이 많으니까 당연히 부등호는 성립합니다.

지금부터는 논리적 사고를 해야 합니다. 앞에 나온 식을 한 줄로 정리하면 다음과 같이 됩니다.

$(1+h)^{k+1} > (1+kh)(1+h) > 1+(k+1)h$

$(1+h)^{k+1} > 1+(k+1)h$

그러므로 부등식이 $n=k+1$일 때 성립한다는 것을 알 수 있습니다.

수업 정리

❶ $a \geq 0, b \geq 0$일 때, $a^2 - b^2 > 0 \Leftrightarrow a^2 > b^2 \Leftrightarrow a > b$

❷ $\sqrt{\dfrac{a^2+b^2}{2}} \geq \dfrac{a+b}{2}$ (단, 등호는 $a=b$일 때 성립)

❸ $|a|+|b| \geq |a+b|$ (단, 등호는 $a \geq 0, b \geq 0$일 때 성립)

❹ $h > 0$ 일 때, $n \geq 2$인 모든 자연수 n에 대하여
$(1+h)^n > 1+nh$

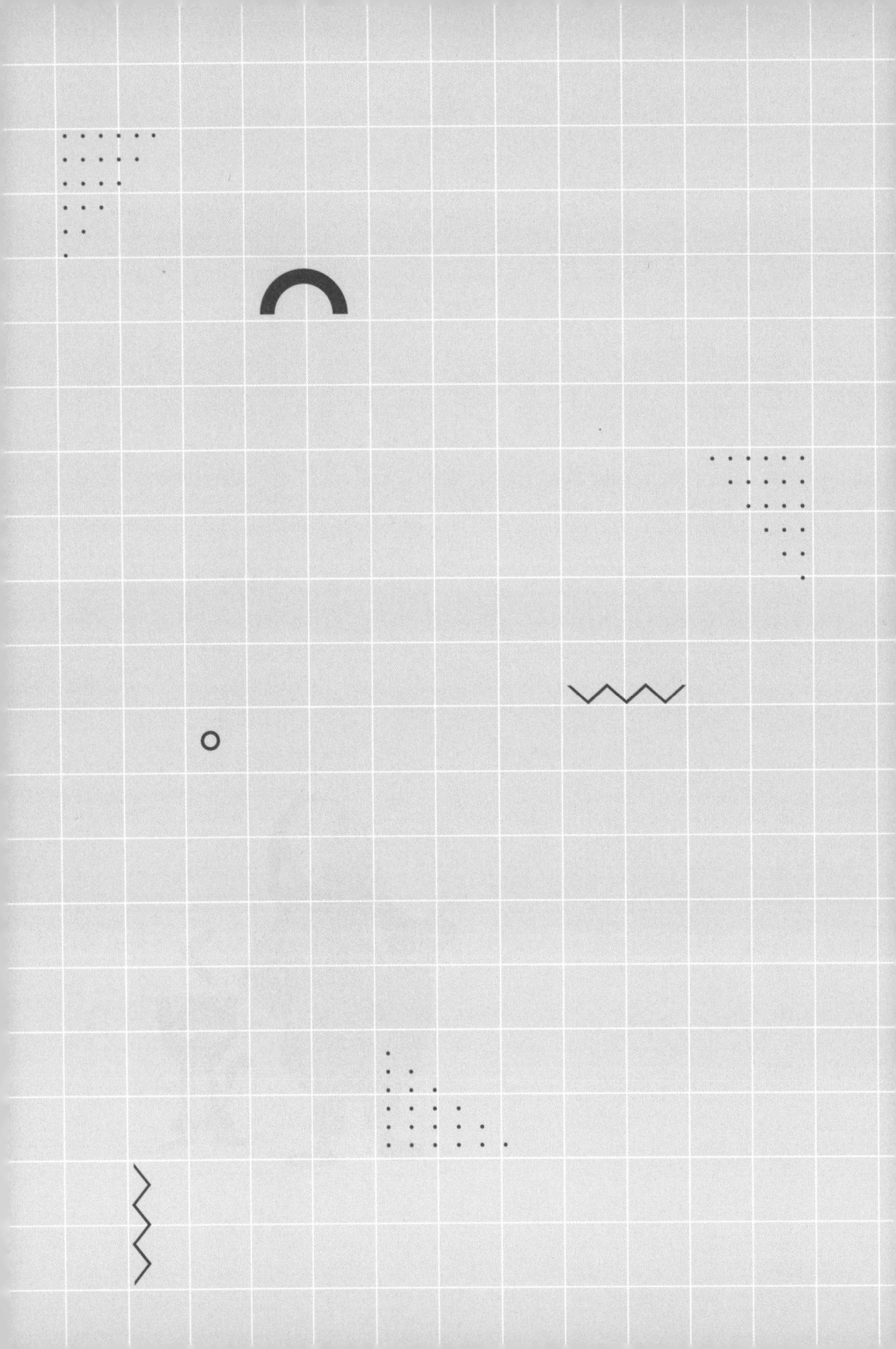

산술·기하 평균

5교시

산술평균과 기하평균에 대해 알아봅니다.

수업 목표

1. 산술평균과 기하평균에 대하여 알아봅니다.
2. 산술평균과 기하평균을 가지고 절대부등식을 찾아봅니다.

미리 알면 좋아요

1. **치환** 어떤 것을 다른 문자로 대신하여 쓰는 것을 수학에서는 치환이라고 합니다.

2. **번분수** 분모나 분자 중에서 하나 또는 둘 다 분수를 가지는 분수를 말합니다.

3. **조화평균** 주어진 수의 역수의 산술평균을 구한 것의 역수를 말합니다. 예를 들어, 두 수 a, b의 조화 평균은 $\dfrac{2ab}{a+b}$ 입니다.

슈바르츠의 다섯 번째 수업

이번 시간에는 산술평균과 기하평균을 이용하여 절대부등식을 알아보도록 하겠습니다. 떠벌이를 위해 용어부터 차근차근 설명하도록 하겠습니다.

만약 학교에서 열 과목의 시험을 본다고 했을 때, 열 과목의 점수를 모두 더해서 10으로 나누면 산술평균이 나옵니다. 그리고 기하평균이란 루트, 즉 제곱근을 이용하여 평균을 구하는 것을 말합니다.

예를 들어, 2와 4의 산술평균은 $\frac{2+4}{2}=\frac{6}{2}=3$입니다. 이 두 변수를 가지고 기하평균을 구해 보겠습니다.

$\sqrt{2\times 4}=\sqrt{8}=\sqrt{4}\sqrt{2}=2\sqrt{2}$가 나옵니다.

이 루트 기호에 대한 계산은《데데킨트가 들려주는 실수 1 이야기》를 참고하세요. 그런데 말이죠. 이상한 게 있습니다. 2와 4의 산술평균은 3입니다. 하지만 2와 4의 기하평균은 값은 $2\sqrt{2}$입니다. $2\sqrt{2}$의 근삿값은 $\sqrt{2} ≒ 1.414$로 계산하여 $2 \times 1.414 = 2.828$이 됩니다. 그런데 3과 2.828은 차이가 납니다. 둘 다 평균인데 뭐가 옳다고 할 수 있을까요? 산술평균? 아니면 기하평균? 이에 대한 답은 둘 다 옳을 수도 있고, 아닐 수도 있습니다.

"아니, 선생님! 그게 무슨 말씀이세요?"

그 입 다물라!

사람들에게는 편견이라는 것이 있습니다. 그 편견이라는 것은 자신이 아는 것만을 진실이라고 믿는 데서 시작됩니다. 이게 무슨 소리냐면, 우리가 보통 말하는 평균은 산술평균이기 쉽다는 얘깁니다. 우리가 아는 평균은 산술평균이고, 산술평균만 알고 있는 우리는 세상의 모든 평균이 산술평균이라고 생각한다는 것이죠. 하지만 산술평균이 모든 경우에 다 적용되는 평균은 아닙니다. 때로는 산술평균이 틀리고, 기하평균이 맞는 경우도 있습니다. 그림을 예로 들어 보여 주겠습니다. 산술평균을 평면의 길이로 알아보겠습니다.

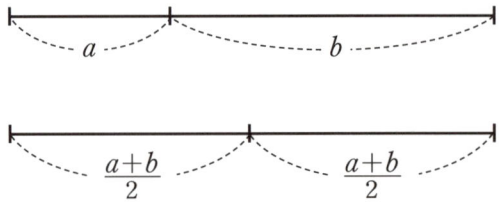

이제 기하평균을 도형의 넓이를 통해 알아보겠습니다.

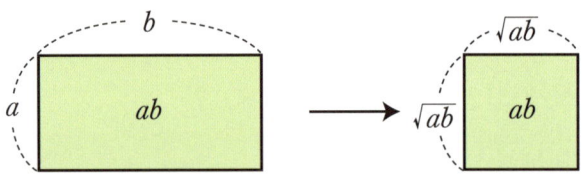

이처럼 도형에서 나타나는 변의 길이는 산술평균보다 기하평균을 사용하는 게 더 적당하다고 할 수 있습니다. a와 b의 기하평균은 $\sqrt{ab}$가 됩니다. 그래서 기하평균은 n개의 수가 있을 때, 이들 수의 곱의 n제곱근의 값입니다.

이런 기하평균은 인구 변동률, 물가 변동률과 같이 비율적으로 변하는 자료의 대푯값으로 많이 사용됩니다.

우리가 앞에서 알아본 산술평균값과 기하평균값 역시 변수에 대하여 그 결과가 달랐습니다. 이런 관계를 우리는 부등식을 통하여 증명할 수 있습니다. 산술평균과 기하평균의 관계입니다. 그럼 제일 간단하면서 대표적인 것을 가지고 증명해 보겠습니다.

$$\frac{a+b}{2} \geq \sqrt{ab}$$

우선, 이것을 증명하기 위한 조건이 있습니다. a와 b는 반드시 양수여야 합니다. 즉, $a>0, b>0$일 때를 말합니다. 위의 식에서 먼저 우변의 항을 좌변으로 옮깁니다. 승부수는 마이너스입니다. 이항하게 되면 부호가 바뀝니다.

$$\frac{a+b}{2} - \sqrt{ab} = \frac{a+b-2\sqrt{ab}}{2}$$

옮긴 것을 통분이라는 화합된 모습으로 바꾸어 봤습니다. 아직까지는 평화가 감도는 모습입니다. 하지만 이런 평화도 곧 깨질 것입니다. a가 자신의 모습을 바꾸기 전까지는 위의 식에서 변화는 없습니다. a는 $(\sqrt{a})^2$과 같습니다. 물론 이것을 이해하기 위해서는 제곱근의 성질을 알고 있어야 합니다. 제곱근의 성질에 따르면 $(\sqrt{a})^2 = a$입니다. 서로 왔다 갔다 할 수 있는 친근한 사이입니다. 그럼 이제 평화는 깨지고 변화의 전쟁을 시작합니다.

$$\frac{a+b-2\sqrt{ab}}{2} = \frac{(\sqrt{a})^2+(\sqrt{b})^2-2\sqrt{ab}}{2}$$

어때요? 변화의 바람이 분 것이죠. $a=(\sqrt{a})^2$인 것처럼 b도 $(\sqrt{b})^2$이 되는 것입니다. 변화의 대세를 거스를 수 없습니다.

$$\frac{(\sqrt{a})^2+(\sqrt{b})^2-2\sqrt{ab}}{2}$$

이제 이것을 잠시 이동시켜 보겠습니다.

$$\frac{(\sqrt{a})^2-2\sqrt{ab}+(\sqrt{b})^2}{2}$$

분자 안에서 자리를 잠시 옮긴 것에 불과합니다. 큰 혼란은 없습니다. 또 분자 가운데 있는 $2\sqrt{ab}=2\sqrt{a}\sqrt{b}$와 같아짐을 제곱근의 성질을 통해 알 수 있습니다.

$$\frac{(\sqrt{a})^2-2\sqrt{a}\sqrt{b}+(\sqrt{b})^2}{2}$$

우리는 단순히 지식을 아는 단계에 머물러서는 안 됩니다. 아는 것을 바로 실행에 옮겨 식을 변화시켜야 합니다. 대단한 변화의 바람입니다. 이제 자신의 정체를 가리기 위해 치환하겠습니다. $\sqrt{a}$=A로, $\sqrt{b}$=B로 치환합니다.

$$\frac{(\sqrt{a})^2-2\sqrt{a}\sqrt{b}+(\sqrt{b})^2}{2}=\frac{(A)^2-2AB+(B)^2}{2}$$

치환된 모습이 만족스럽나요? 현대 의학의 성형 기술에 비견될 만한 기술입니다.

$$\frac{(A)^2-2AB+(B)^2}{2}=\frac{(A-B)^2}{2}$$

다시 정리해서 나타내 보면 다음과 같습니다.

$$\frac{(A-B)^2}{2} = \frac{(\sqrt{a}-\sqrt{b})^2}{2}$$

치환된 결과를 다시 원래대로 돌려놓았습니다. 치환된 것을 원래대로 돌려놓는 기술은 대입입니다. $A=\sqrt{a}$이고, $B=\sqrt{b}$를 이용해서 말입니다. 이제 이 $\frac{(\sqrt{a}-\sqrt{b})^2}{2}$ 식에서만 생각해 봅니다.

이것이 양수가 되면 식은 만족하게 됩니다. 등호가 성립하는 경우는 따로 둡시다. 따로 이야기할 테니까요. 분모의 2는 양수니까 됐습니다. 분자의 $\sqrt{a}-\sqrt{b}$가 양수인지 음수인지 알아보려고 합니다. 하지만 그깟 것 안 알아봐도 됩니다. $\sqrt{a}-\sqrt{b}$가 양수든 음수든 간에 제곱을 시키므로 그 값은 언제나 양수이거든요. 그래서 $\frac{a+b}{2} \geq \sqrt{ab}$는 참으로 증명되었습니다. 여기서 잠깐 등호가 성립하는 경우를 알아보겠습니다.

등호가 성립하려면 a와 b가 같아야만 합니다. a와 b 자리에 각각 3을 대입하여 등호가 성립하는지 알아봅니다.

$$\frac{3+3}{2} \geq \sqrt{3 \times 3}$$

이 식에서도 a와 b가 붙어 있으면 곱하기가 생략되어 있다는 문자와 식의 성질을 아는 사람만이 이해할 수 있습니다.

$\sqrt{3 \times 3}$으로 나온 이유입니다. 좌변의 결과는 3이고 우변의 결과도 $\sqrt{9}=3$입니다. $\sqrt{9}$가 3이 되는 이유는 제곱근의 성질을 아는 사람만 알 수 있습니다. 이상으로 a와 b가 같으면 등호가

성립한다는 것을 알았습니다.

산술평균과 기하평균에 대한 이야기를 좀 하고 나서 실전 문제를 풀어 보도록 하겠습니다. 다음 문제는 실전 문제가 아니고, 예를 들어 주는 그냥 그런 문제입니다. 보도록 합니다.

쏙쏙 문제 풀기

$x>0$일 때, $x+\dfrac{1}{x} \geq 2$임을 증명하시오.

주어진 조건에서 x가 양수이므로 $\dfrac{1}{x}$이 양수가 되는 것은 어렵지 않게 생각할 수 있습니다. 두 변수가 양수이므로 우리는 산술평균, 기하평균을 적용할 수 있습니다.

"아, 산술평균이랑 기하평균은 두 변수가 양수일 때 사용하는 거구나!"

그렇습니다. 여태까지 내가 0보다 크다고 매번 제시한 이유가 바로 그런 의미였습니다. 산술평균, 기하평균은 두 변수가 반드시 양수일 때 사용할 수 있습니다.

한편 $\dfrac{a+b}{2} \geq \sqrt{ab}$이므로 식을 조금 변형하여 사용하면 편리할 때가 있습니다.

$a+b \geq 2\sqrt{ab}$ 물론 이때도 a와 b는 양수입니다. 양수 조건에서 (산술평균)≥(기하평균)이 성립합니다.

따라서 두 식을 비교해서 정리해 보면 a에 x를, b에 $\dfrac{1}{x}$을 대입할 수 있습니다.

$$x+\dfrac{1}{x} \geq 2\sqrt{x \times \dfrac{1}{x}}$$

아까 왜 2를 우변으로 옮긴지 이제야 이유를 좀 알겠습니까? 모르겠다고요? 분수가 나오는 경우 만약 좌변에 2가 그대로 있다면 번분수 꼴로 상당히 번거로워집니다. 그래서 좌변에 있는 분모의 2를 우변으로 옮겨 주면 번분수 꼴을 피할 수 있습니다.

떠벌아, 말로만 설명하니 모르겠지? 직접 보여 주마.

$\dfrac{x+\dfrac{1}{x}}{2} \geq \sqrt{x \times \dfrac{1}{x}}$ ➡ 미리 안 넘겨주면 이렇게 나온다니까요.

$x+\dfrac{1}{x} \geq 2\sqrt{x \times \dfrac{1}{x}}$ ➡ 그래서 이 상태에서 풀이를 진행하겠습니다.

$\sqrt{}$ 안의 계산을 먼저 하겠습니다. $x \times \dfrac{1}{x} = 1$로 $\sqrt{1}=1$입니다. 그래서 식

은 다음과 같이 정리됩니다.

$$x + \frac{1}{x} \geq 2$$

이렇게 해서 증명은 끝이 납니다. 산술·기하평균의 관계는 항이 2개일 때만 성립하는 것이 아니라 항의 개수가 n개(단, $n=2$ 이상의 양의 정수)일 때도 성립합니다.

$$\frac{a+b+c}{3} \geq \sqrt[3]{abc}$$

$$\frac{a+b+c+d}{4} \geq \sqrt[4]{abcd}$$

$$\vdots$$

$$\frac{a_1+b_2+\cdots\cdots+a_{n-1}+a_n}{n} \geq \sqrt[n]{a_1 a_2 \cdots\cdots a_{n-1} a_n}$$

위 식 모두 등호는 변수들이 같을 때 성립합니다.

산술·기하평균의 문제임을 알아내는 방법의 하나로 두 양수의 합이 있으면 일단 $a+b \geq 2\sqrt{ab}$로 생각하면 됩니다. 원래는 산술평균과 기하평균, 조화평균을 다 같이 다루려고 했으나 너무 복잡해지는 것과 조화평균은 잘 다루어지지 않는 관계로 이번 수업에서는 뺐습니다. 조화평균은 빼니 좋아? 좋아! 그럼 이번 수업을 마쳐도 좋아? 좋아!

 다음 시간에 만나요!

수업정리

❶ 기하평균은 인구 변동률, 물가 변동률과 같이 비율적으로 변하는 자료의 대푯값으로 많이 사용됩니다.

❷ **산술평균과 기하평균**
$\frac{a+b}{2} \geq \sqrt{ab}$ (단, 등호는 $a=b$일 경우)

❸ 두 변수가 양수이면 산술평균, 기하평균을 적용할 수 있습니다.

❹ 산술·기하평균의 관계는 항이 2개일 때만 성립하는 것이 아니라 항의 개수가 n개($n=2$ 이상의 양의 정수)일 때도 성립합니다.(단, 등호는 각각의 변수들이 같을 때 성립)

$\frac{a+b+c}{3} \geq \sqrt[3]{abc}$

$\frac{a+b+c+d}{4} \geq \sqrt[4]{abcd}$

⋮

$\frac{a_1+b_2+\cdots\cdots+a_{n-1}+a_n}{n} \geq \sqrt[n]{a_1 a_2 \cdots\cdots a_{n-1} a_n}$

6교시

코시-슈바르츠 부등식

코시 부등식과 슈바르츠 부등식에 대해 배워 봅니다.

수업 목표

1. 코시 부등식에 대하여 알아봅니다.
2. 슈바르츠 부등식에 대하여 알아봅니다.

미리 알면 좋아요

1. 코시 프랑스의 수학자. 해석학과 치환군한 집합의 순서수열들을 원소로 하는 군을 개척한 근대의 가장 위대한 수학자 중 한 사람입니다.

2. 라그랑주 이탈리아 태생 프랑스의 수학자. 정수론과 해석역학 및 천체역학에 크게 기여했습니다. 가장 중요한 저서인 《해석 역학》은 나중에 이 분야의 모든 연구에 기본이 된 최초의 교본입니다.

3. 판별식 방정식의 계수들로부터 구해집니다.

슈바르츠의 여섯 번째 수업

    절대부등식에서 산술평균, 기하평균과 함께 가장 중요하게 다루어지는 것이 바로 코시-슈바르츠 부등식입니다.
    "선생님, 선생님, 선생님. 슈바르츠는 선생님 이름이죠? 그럼 코시는 선생님 성姓인가요?"
    나와 코시는 다른 사람입니다.
    "아, 진짜요? 그럼 코시는 누구예요? 김씨도 아니고 이씨도 아닌 코시라니……."

　　코시는 1789년 8월 21일 프랑스 파리에서 태어났습니다. 코시는 프랑스 수학자이며, 나는 독일 수학자입니다. 라그랑주라는 수학자는 코시가 뛰어난 수학자가 될 것이라는 것을 예견했다고 합니다. 코시가 쓴 책 중에는 《해석학 교정》이라는 훌륭한 책이 있습니다.

코시가 나의 이름보다 앞에 있는 이유는 그가 나보다 코시-슈바르츠 부등식에 공헌한 바가 더 크기 때문이라고 보면 됩니다. 일반적으로 고등학교 때 배우는 코시-슈바르츠 부등식은 거의 코시의 부등식으로 다 해결이 될 것입니다. 나의 부등식은 코시의 부등식을 일반화시킨 결과입니다.

참고로 한 번 설명을 하겠지만 산술·기하평균은 오직 양수 조건에서 사용 가능하지만 코시-슈바르츠 부등식은 모든 실수에 대하여 성립합니다.

보통 수학 교과서에서는 코시-슈바르츠 부등식을 묶어서 말하지만 나의 수업에서는 일단 분리하여 수업을 진행하겠습니다.

코시의 부등식을 먼저 보도록 합니다. 문자는 모두 실수입니다.

$$(a^2+b^2)(x^2+y^2) \geq (ax+by)^2$$

이 식을 보니 제곱 형태들이 보입니다. 제곱 형태를 보면 앞에서 한 방법이 생각나야 합니다. 절대부등식을 증명하는 데 제곱의 차를 이용했으니까요. 루트가 있다든가 아니면 절댓값 기호가 있는 경우 제곱해서 빼 주었습니다. 그런데 이 코시 부등식의 경우는 벌써 누군가가 제곱의 상태로 만들어 놨습니다. 누가 그랬는지는 알 수 없지만 하여튼 고마워요.

그럼 우변을 이항하여 빼 보겠습니다. 뺀 결과가 양수이면 이 부등식은 성립하게 되는 것입니다. 즉, 뺀 결과가 양수이면 참으로 성립하는 것입니다. 뺀 결과가 양수가 아니면 이 식은 참이 아닌 셈이고요.

$$(a^2+b^2)(x^2+y^2)-(ax+by)^2$$

넘어가는 것은 원숭이처럼 잘도 넘어갑니다. 넘어가면 부호가 바뀌지요. 괄호를 없애야 계산할 수 있으므로 다 전개시키겠습니다. 다시 말하면 전개를 시키는 것이 괄호를 없애는 방법입니다.

$$=a^2x^2+a^2y^2+b^2x^2+b^2y^2-a^2x^2-2abxy-b^2y^2$$

이렇게 전개되는 장면을 슬로비디오로 보여 주겠습니다.

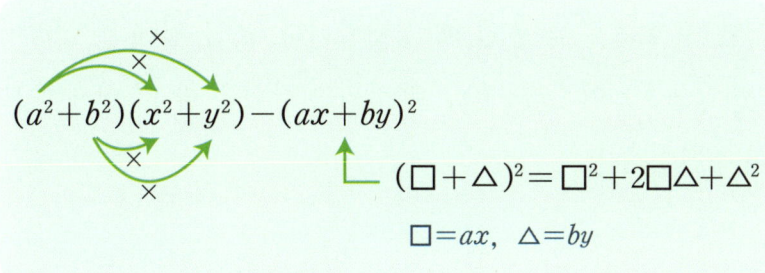

다시 계산으로 들어가서요.

$$= a^2y^2 - 2abxy - b^2x^2$$

서로 싸우다가 죽을 것은 죽고, 살 것은 살아남은 상태입니다.

$$= (ay - bx)^2 \geq 0$$

살아남은 자들을 완전제곱식의 인수분해를 통해 괄호로 뭉쳐 줍니다. 그랬더니 (실수)^{2}이 되어 0보다 크거나 같아지게 된 것입니다. 그리하여 위 부등식은 절대부등식이 됩니다.

$$(a^2+b^2)(x^2+y^2) \geq (ax+by)^2$$

단, 등호는 $\frac{x}{a}=\frac{y}{b}$일 때 성립합니다. 조금 전에 본 $a^2y^2-2abxy+b^2x^2$이 $(ay-bx)^2$로 바뀌는 장면을 좀 더 상세히 보여 주겠습니다.

$a^2y^2-2abxy-b^2x^2$ ← $a^2y^2=(ay)^2, b^2x^2=(bx)^2$
↑
지수법칙은 중학교 2학년 때 배움

$ay=\square, bx=\triangle$라면

$\square^2-2\square\triangle+\triangle^2$

$=(\square-\triangle)^2$ ← 다시 대입 $\square=ay, \triangle=bx$

$=(ay-bx)^2$

완전 팁

$\square\triangle=aybx=abxy$
↑↑
곱셈끼리 자리 바뀌는
교환법칙

이런 수학적 설명 말고도 코시 부등식을 암기하기 위한 방법을 알려 주겠습니다.

세종대왕이 만든 한글은 참 훌륭합니다. 수학과 찰떡궁합인

언어입니다. $(a^2+b^2)(x^2+y^2) \geq (ax+by)^2$이라는 절대부등식은 영어 알파벳을 이용하여 나타내었지요. 이것을 한글로 이용하여 나타내면 더 쉬워집니다. $a=$태, $b=$도, $x=$권, $y=$장으로 바꾸어 적도록 합니다.

$$(태^2+도^2)(권^2+장^2) \geq (태권+도장)^2$$

보세요. 훨씬 이해하기 쉽지요. '폭력적인 어린이의 태도를 바르게 권장시키려면 태권도장에 보내라.' 즉, 태권 정신을 가르쳐야 한다는 말로 절대부등식이 다 설명됩니다.

이제 두 번째 코시 부등식에 대해 알아보겠습니다. 이에 앞서 부등식을 다루는 방법을 한 번 더 일러 주겠습니다. 부등식 A＞B를 증명할 때는 A－B를 변형시켜서 다음 꼴로 이끌어 내야 합니다.

(실수)$^2 \geq 0$, (실수)$^2 +$ (실수)$^2 \geq 0$, (실수)$^2 +$ 양수 > 0

특히, 등호가 있을 때는 등호가 성립하는 경우를 분명히 밝혀야 합니다. 두 번째 코시 부등식입니다.

$$(a^2+b^2+c^2)(x^2+y^2+z^2) \geq (ax+by+cz)^2$$

앞에 것이랑 비슷하지만 문자가 하나씩 더 늘어났습니다. 방법은 똑같이 하지만 항을 전개하기가 많이 번거롭지요.

$$(a^2+b^2+c^2)(x^2+y^2+z^2)-(ax+by+cz)^2$$

역시나 빼야 합니다.

$$=a^2x^2+a^2y^2+a^2z^2+b^2x^2+b^2y^2+b^2z^2+c^2x^2+c^2y^2+c^2z^2-$$
$$(a^2x^2+b^2y^2+c^2z^2+2abxy+2bcyz+2cazx)$$

이렇게 전개되는 이유는 다음과 같습니다.

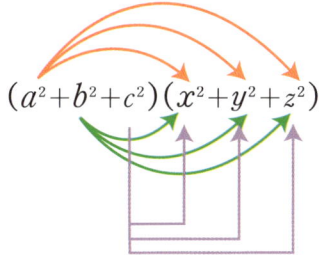

3×3으로 합이 9개 나와야 맞게 한 것입니다.

$(ax+by+cz)^2$ ← 적용 $(\square+\triangle+\star)^2=\square^2+\triangle^2+\star^2+2\square\triangle+2\triangle\star+2\square\star$

그래서 전개된 상태에서 정리를 좀 하면 다음과 같습니다.

$$= (a^2y^2 - 2abxy + b^2x^2) + (a^2z^2 - 2cazx + c^2x^2) + (b^2z^2 - 2bcyz + c^2y^2)$$
$$= (ay-bx)^2 + (az-cx)^2 + (bz-cy)^2 \geq 0$$

앞의 2개짜리에서 봤듯이 완전제곱식의 인수분해를 이용하여 3개의 괄호에 싸인 식을 각각 완전제곱식으로 인수분해를 합니다. 그러면 바로 (실수)^{2}이 되므로 각각의 실수 제곱의 합이므로 결과는 당연히 0보다 크거나 같게 됩니다. 양수가 된다는 것은 바로 이 절대부등식의 결백함이 증명되는 셈입니다. 그래서 우리는 다음과 같음을 말할 수 있습니다.

$$(a^2+b^2+c^2)(x^2+y^2+z^2) \geq (ax+by+cz)^2$$

단, 등호는 $\dfrac{x}{a}=\dfrac{y}{b}=\dfrac{z}{c}$일 때 성립한답니다.

이때, 내가 좋아하는 한국의 배우 두 사람이 나타납니다. 그들의 이름은 장동건과 김혜수입니다. 정말 잘생긴 배우 장동건, 그의 얼굴은 조각 같습니다. 김혜수라는 배우의 오라는 정말 환상적입니다. 잘생기고 환상적인 그들의 이름을 가지고 3개짜리 코시 부등식을 보여 주려고 합니다.

$$(김^2+혜^2+수^2)(장^2+동^2+건^2) \geq (김장+혜동+수건)^2$$

처음에 이 식을 본 장동건과 김혜수는 좀 좋아했습니다. 하지만 우변에 나오는 김장, 혜동, 수건이라는 말에 김이 팍 샜는지 안 좋은 인상을 쓰면서 돌아가 버렸습니다. 한국의 김치, 세계적인 음식 아닌가요? 그런 김치를 담그는 경사스러운 일이 김장인데 왜 그럴까요. 그리고 운동 후 땀을 닦는 수건. 운동을 싫어하는 배우들일까? 나는 이해가 좀 안 되네요. 옆에 있는 떠벌이가 하하, 호호, 낄낄, 히히 웃어 댑니다. 하여튼 내가 존경하는 배우들은 갔습니다.

이제부터는 내 이름 넉 자를 걸고 나오는 절대부등식을 소개하려고 합니다. 슈바르츠 부등식입니다. 참고로, 슈바르츠 부등식은 코시 부등식을 일반화시킨 결과라고 생각하면 됩니다.

코시의 부등식은 두 값의 차를 비교하여 증명하였습니다. 하지만 나의 부등식은 증명 과정이 좀 더 힘듭니다. 떠벌이가 코시 부등식보다 힘들면 자신은 죽음이라며 한탄을 합니다. 일단 슈바르츠의 부등식을 만나 보기나 합시다.

나는 호주머니 속에 꿍쳐 둔 부등식을 꺼냅니다.

$$(a_1^2+a_2^2+\cdots\cdots+a_n^2)(b_1^2+b_2^2+\cdots\cdots+b_n^2) \geq (a_1b_1+a_2b_2+\cdots\cdots+a_nb_n)^2$$

꺼내는 데 한참 걸렸습니다.

$(a_1^2+a_2^2+\cdots\cdots+a_n^2)(b_1^2+b_2^2+\cdots\cdots+b_n^2) \geq (a_1b_1+a_2b_2+\cdots\cdots+a_nb_n)^2$에서 우선 $a_1=a_2=a_3=\cdots\cdots=a_n=0$이면 $0=0$이 되어 위의 부등식이 성립합니다. 만약 $(a_1^2+a_2^2+\cdots\cdots+a_n^2) \neq 0$이라면 (실수)$^2 \geq 0$이므로 $(a_1^2+a_2^2+\cdots\cdots+a_n^2) > 0$이 되어야 합니다. 이때 뭐 하는 녀석인지 모르겠지만 휘파람을 휙휙 불며 굉장히 불쾌해 보이는 녀석이 등장합니다.

$$(a_1t-b_1)^2+(a_2t-b_2)^2+\cdots\cdots+(a_nt-b_n) \geq 0$$

이 녀석은 모든 실수 t값에 대하여 부등식은 항상 성립한다며 자랑합니다. 찬찬히 살펴보니 정말 그런 구조를 가진 차원이 있는 녀석 같습니다. 경계해야겠습니다. 나는 그래서 녀석을 바로 해체해 버리기로 했습니다. 완전제곱식을 전개합니다.

$$(a_1^2 t^2 - 2a_1 b_1 t + b_1^2) + (a_2^2 t^2 - 2a_2 b_2 t + b_2^2) + \cdots + (a_n^2 t^2 - 2a_n b_n t + b_n^2) \geq 0$$

다시 식을 t에 관하여 정리해 버리겠습니다. t^2이 있는 것은 t^2끼리, t가 있는 것은 t끼리, 없는 것은 없는 것끼리 모아 정리합니다.

$$(a_1^2 + a_2^2 + \cdots + a_n^2) t^2 - 2(a_1 b_1 + a_2 b_2 + \cdots + a_n b_n) t + (b_1^2 + b_2^2 + \cdots + b_n^2) \geq 0$$

원래 이 녀석은 t값에 관계없이 항상 성립하는 이차부등식이었습니다. 아주 건방지죠. 그래서 t에 관한 이차부등식 $at^2 + bt + c \geq 0$이 항상 성립하려면 $a > 0$ 그리고 $D \leq 0$입니다.

이차부등식이 항상 성립할 조건이거든요. 꼭 알아 두세요. 아니면 노트에 적어 두어도 됩니다.

$$(a_1^2 + a_2^2 + \cdots + a_n^2)t^2 - 2(a_1b_1 + a_2b_2 + \cdots + a_nb_n)t + (b_1^2 + b_2^2 + \cdots + b_n^2) \geq 0$$

이 식을 가만히 쳐다보면 $at^2+bt+c\geq 0$이랑 모양이 같습니다. 처음 식이 좀 뚱뚱해서 그런 것뿐입니다.

$$(a_1^2+a_2^2+\cdots\cdots+a_n^2)>0$$

그리고 이제 판별식을 적어 봅니다. 판별식은 D라고 부르고 $at^2+bt+c\geq 0$ 식에서 살펴보면 b^2-4ac가 됩니다. 하지만 t의 계수가 짝수이면 짝수 판별식을 적용하여 식은 좀 더 간단해질 수 있습니다. 짝수 판별식은 b'^2-ac입니다. 아쉽게도 4는 떨어져 나갑니다. 수가 작아지면 작아질수록 유리하거든요. b'의 정체는 b를 2로 나눈 값입니다.

$(a_1^2+a_2^2+\cdots\cdots+a_n^2)t^2-2(a_1b_1+a_2b_2+\cdots\cdots+a_nb_n)t+(b_1^2+b_2^2+\cdots\cdots+b_n^2)\geq 0$이라는 식을 보면, t 앞에 2가 붙어 있습니다. 그래서 짝수 판별식을 사용하면 됩니다.

$$(a_1b_1+a_2b_2+\cdots\cdots+a_nb_n)^2-(a_1^2+a_2^2+\cdots\cdots+a_n^2)(b_1^2+b_2^2+\cdots\cdots+b_n^2)\leq 0$$

끝난 것이나 마찬가지입니다. 이제 우리는 마음의 눈을 떠야 하는 순간이 왔습니다.

$(a_1b_1+a_2b_2+\cdots\cdots+a_nb_n)^2-(a_1^2+a_2^2+\cdots\cdots+a_n^2)(b_1^2+b_2^2+\cdots\cdots+b_n^2) \leq 0$ 식과 $(a_1^2+a_2^2+\cdots\cdots+a_n^2)(b_1^2+b_2^2+\cdots\cdots+b_n^2) \geq (a_1b_1+a_2b_2+\cdots\cdots+a_nb_n)^2$을 연달아 보면서 뭔가를 깨달아야 합니다.

$(a_1b_1+a_2b_2+\cdots\cdots+a_nb_n)^2-(a_1^2+a_2^2+\cdots\cdots+a_n^2)(b_1^2+b_2^2+\cdots\cdots+b_n^2) \leq 0$ 식의 $(a_1^2+a_2^2+\cdots\cdots+a_n^2)(b_1^2+b_2^2+\cdots\cdots+b_n^2)$ 부분을 힘껏 우변으로 던지면 슈바르츠 부등식인 $(a_1^2+a_2^2+\cdots\cdots+a_n^2)(b_1^2+b_2^2+\cdots+b_n^2) \geq (a_1b_1+a_2b_2+\cdots\cdots+a_nb_n)^2$가 생깁니다. 그렇게 우리는 증명하였습니다. 등호가 성립할 조건으로는 $\dfrac{b_1}{a_1}=\dfrac{b_2}{a_2}=\dfrac{b_3}{a_3}=\cdots\cdots=\dfrac{b_n}{a_n}$ 입니다.

끝으로 한마디 합니다. 코시-슈바르츠 부등식은 (산술평균)≥(기하평균)과는 달리 모든 실수에 대하여 성립하며, 일차식과 이차식의 관계라는 점에서 더욱 중요하다는 사실을 기억해 두세요. 다음 시간으로 넘어갑니다.

수업 정리

❶ 절대부등식에서 산술평균, 기하평균과 함께 가장 중요하게 다뤄지는 것이 바로 코시-슈바르츠 부등식입니다.

❷ 코시 부등식 1

$(a^2+b^2)(x^2+y^2) \geq (ax+by)^2$ (단, 등호는 $\dfrac{x}{a}=\dfrac{y}{b}$일 때 성립)

❸ 코시 부등식 2

$(a^2+b^2+c^2)(x^2+y^2+z^2) \geq (ax+by+cz)^2$ (단, 등호는 $\dfrac{x}{a}=\dfrac{y}{b}=\dfrac{z}{c}$일 때 성립)

❹ 슈바르츠 부등식

$(a_1^2+a_2^2+\cdots+a_n^2)(b_1^2+b_2^2+\cdots+b_n^2) \geq (a_1b_1+a_2b_2+\cdots+a_nb_n)^2$ (단, 등호는 $\dfrac{b_1}{a_1}=\dfrac{b_2}{a_2}=\cdots=\dfrac{b_n}{a_n}$일 때 성립)

7교시

절대부등식의 최대·최소

절대부등식의 최대와 최소를 공부합니다.

수업 목표

1. 절대부등식의 최대와 최소를 공부합니다.
2. 산술평균과 기하평균의 활용을 배웁니다.

미리 알면 좋아요

1. **부등식** 두 수 또는 두 식을 부등호로 연결하여 크기를 비교할 수 있게 한 식을 말합니다.

$a < b$는 a보다 b가 크다는 것을 의미하고, 반대로 $a > b$는 a가 b보다 크다는 것을 의미합니다. 또한 $a \geq b$는 a가 b보다 크거나 같다는 것을 의미하고, $a \leq b$는 a가 b보다 작거나 같다는 것을 의미합니다.

2. **전개** 곱셈이나 나눗셈을 통하여 항을 펼쳐 나가는 것을 전개라고 합니다.

3. **일차식** 미지수의 최고 차수가 일차인 정식을 말합니다. $ax + b$(단, $a \neq 0$)의 꼴을 가집니다.

4. **이차식** 미지수의 최고 차수가 이차인 정식을 말합니다. $ax^2 + bx + c$(단, $a \neq 0$)의 꼴을 가집니다.

슈바르츠의 일곱 번째 수업

　이제 마지막 수업으로 절대부등식의 최대·최소를 배울 것입니다. 부등식은 크기를 나타내어 대소 관계를 알 수 있습니다. 그래서 무엇보다 크다고 하면 그 무엇에서 봤을 때 그 무엇의 크기는 최대로 볼 수 있습니다. 그리고 무엇보다 큰 그 처음은 최소로 볼 수 있습니다. 무엇 무엇 같은 말이 여러 번 나오면서 나도 떠벌이가 된 느낌입니다. 무엇 무엇이라며 종알대니 무슨 말인지 내가 말하고도 모르겠습니다.

곱이 일정한 두 양수에 대하여 합의 최솟값을 구하는 문제는 산술평균, 기하평균을 사용하여 알아볼 수 있습니다. 그리고 합이 일정한 두 양수에 대하여 곱의 최댓값을 구하는 문제 역시 산술평균, 기하평균을 이용하여 구할 수 있습니다. 잘 들으세요. 조금 이따가 실전 문제로 들어갑니다. 눈 부릅뜨세요. 절대부등식의 최대·최소에 이용되는 산술평균과 기하평균의 모습을 보세요. 대소 관계의 스파이시한 향기를 느껴 보세요.

$$a>0, b>0 일 때, \frac{a+b}{2} \geq \sqrt{ab} \ (단, 등호는 a=b 일 때 성립)$$

부등호의 방향에서 a와 b가 튼튼한 양수임을 보여 주고 있습

니다. 분수에 2는 곧 우변으로 이동할 것 같은 느낌을 주고 있지요. 우리는 일단 산술평균과 기하평균으로 최대·최소의 문제를 먼저 접하기로 마음을 먹습니다. 그 마음 변하지 않을 것입니다. 그러나 우리에게 닥친 위기가 하나 있습니다.

쏙쏙 문제 풀기

$a > 0$일 때, $a + \dfrac{4}{a}$의 최솟값을 구하시오.

누군지 모르는 자가 우리 앞에 이 문제를 들이밀었습니다. 하지만 우리는 앞에서 수업을 들었기 때문에 쉽다는 느낌이 들 것입니다. 자, 그럼 문제를 단숨에 풀어 봅시다.

$$a + \frac{4}{a} \geq 2\sqrt{a \cdot \frac{4}{a}} = 2\sqrt{4} = 2 \times 2 = 4$$

이 풀이 과정에서 여러분은 각각 어떤 향기가 느껴지나요. 곱하기를 점으로 표현한 점도 좋고요. $\sqrt{4}$가 2로 계산된 점, 앞에서 곧 이동할 것 같았던 2가 역시나 우변으로 이동하여 계산된 점도 기대를 저버리지 않았습니다. 잘 봐 두세요. 앞으로 분모의 2는 우변에서 활약할 것이니까요. 그리고 산술평균과 기하평균 문제라는 것을 느끼기 위한 절대적인 냄새가 있습니다. 그것은 주어진 변수가 굳건한 양수라는 점입니다. 그게 우리가 맡게 될 산술평균과 기하평균의 냄새라는 것입니다. 이제 그 냄새를 한번 느껴 보는 시간을 갖습니다.

양수 a, b에 대하여 $ab=2$일 때, $3a+4b$의 최솟값을 알려 달라는 의뢰가 들어왔습니다. 나는 즉각 눈치챘습니다. 바로 양수 a, b라는 부분에서 느낌이 확 왔습니다. 강한 양수 느낌에서 이 문제는 산술평균과 기하평균으로 승부를 내야겠다는 결심을 하게 됩니다.

$$3a+4b \geq 2\sqrt{3a \times 4b} = 2\sqrt{12 \cdot ab}$$

처음에는 곱하기 기호로 접근했으나 점차 익숙해짐에 따라 곱하기를 점으로 표현했습니다. 표현의 다양성에 좀 놀랐나요? 놀라지 마세요. 같은 표현의 반복은 수학의 품위를 떨어뜨리니까요.

이제 수술 들어갑니다. 나는 떠벌이가 갖다준 수술용 장갑을 끼고, 보기에 있는 $ab=2$를 수술칼을 이용해서 문제에서 떼냅니다. 그리고는 세균이 묻지 않게 조심하여 우리가 풀었던 $2\sqrt{12 \cdot ab}$의 ab 자리에 2를 이식합니다. 환자는 통증을 느끼지 않습니다. 우리는 대입법이라는 아주 성능 좋고 부작용 없는 마취제를 사용하니까요.

$$2\sqrt{12 \cdot 2} = 2\sqrt{24} = 2\sqrt{4}\sqrt{6} = 2 \times 2\sqrt{6} = 4\sqrt{6}$$

여러분 눈에도 보이듯이 수술 경과가 아주 좋습니다. 회복이 이렇게 빠르게 진행되니 말입니다. 최솟값은 환자가 정상으로 돌아온 $4\sqrt{6}$입니다. 이제 합병증에 걸린 심각한 상태의 환자를 수술하도록 합니다. 언제나 수술실은 긴장의 끈을 놓을 수 없습니다. 특히 수학의 수술도 말입니다.

$x>0, y>0$일 때, $(x+y)\left(\dfrac{1}{x}+\dfrac{4}{y}\right)$의 최솟값을 알아보는 수술입니다.

이 환자는 괄호 안의 복통을 호소합니다. 우선 우리는 수술에 앞서 조직 검사를 합니다. 조직 검사 결과 x와 y가 양수라는 사실을 알아냈습니다. 그래서 이 환자의 수술 방법은 산술평균과 기하평균으로 결정하였습니다. 하지만 수술 방법을 놓고 다른 닥터들과 상의한 결과, 전개라는 개복 방법을 선택했습니다. 지금으로서는 이 방법만이 최선인 것 같습니다. 우리는 환자의 수술 후 만족도를 높이기 위해 빠른 속도로 문제를 전개하도록 합니다.

$$(x+y)\left(\frac{1}{x}+\frac{4}{y}\right) = x \cdot \frac{1}{x} + x \cdot \frac{4}{y} + y \cdot \frac{1}{x} + y \cdot \frac{4}{y}$$

전개하는 과정에서 수술 후 흉터를 최소화시키기 위해 거친 곱하기 기호 대신 점이라는 작은 곱하기 기호를 사용했습니다. 첫 항과 마지막 항에서는 약분이라는 제거술로 1과 4라는 만족스러운 결과를 얻어 내어 둘을 일단 더하여 정리합니다.

$$5 + \frac{4x}{y} + \frac{y}{x}$$

우리의 수술 시간이 좀 길어지는 듯합니다. 큰 위기는 아니지만 약간의 고비를 맞이했습니다. $\frac{4x}{y} + \frac{y}{x}$ 부분에 주목해 주세요. 그리고 정신을 집중하여 무언가를 느껴보세요. 느껴집니까? 이제 산술평균과 기하평균이라는 대수술을 할 것입니다.

$$5+\frac{4x}{y}+\frac{y}{x} \geq 5+2\sqrt{\frac{4x}{y} \cdot \frac{y}{x}}$$

일단 산술평균과 기하평균이라는 수술이 잘된 것 같습니다. 루트 안에서 회복되는 과정을 지켜봅니다.

$$\sqrt{\frac{4x}{y} \cdot \frac{y}{x}}=\sqrt{4}=2$$

약분이라는 제거술이 잘된 것 같습니다. 이제부터는 살려고 하는 환자의 의지에 달려 있습니다.

$$5+\frac{4x}{y}+\frac{y}{x} \geq 5+2\sqrt{\frac{4x}{y} \cdot \frac{y}{x}}=5+2\times 2=9$$

드디어 심장이 정상적으로 뛰기 시작합니다. 환자의 생명을 구해 냈습니다.

답은 9입니다. 단, 등호는 $\frac{4x}{y}=\frac{y}{x}$일 때 성립합니다. 이처럼 수술 후에도 일정 기간 조심해야 합니다.

수술 이야기가 나와서 하는 말인데 의사가 의료 사고를 내듯이 산술평균과 기하평균을 잘못한 사례를 들어 보겠습니다.

$$(2x+3y)\left(\frac{8}{x}+\frac{3}{y}\right) \geq (2\sqrt{2x \cdot 3y})\left(2\sqrt{\frac{8}{x}+\frac{3}{y}}\right)$$

원래는 제대로 수술하려면 배를 가르는 것 같은 전개를 해야 하지만 이 경우는 급하게 각각 산술·기하평균을 바로 적용했습니다. 그 결과 최솟값이 48이라는 잘못된 결과를 냈습니다. 이 식을 전개하여 제대로 구한다면 최솟값은 49가 나와야 합니다. 왜냐하면 아래와 같이 두 부등식에서 등호가 성립하는 조건이 다르기 때문입니다.

$2x+3y \geq 2\sqrt{2x \cdot 3y}$에서 등호는 $2x=3y$일 때 성립합니다. 그리고 $\frac{8}{x}+\frac{3}{y} \geq 2\sqrt{\frac{8}{x}+\frac{3}{y}}$에서 등호는 $\frac{8}{x}=\frac{3}{y}$일 때 성립하기 때문입니다.

이제 코시-슈바르츠 부등식에서 최대와 최소에 대해 알아보도록 합니다. 여기, 귀를 쫑긋 세우고 있는 듯한 문제를 보여 주겠습니다.

쏙쏙 문제 풀기

$a^2+b^2=4, x^2+y^2=9$의 최댓값과 최솟값을 구하시오.

나는 이 식의 제곱들을 보면 이상하게 쫑긋 세운 토끼 귀가 생각납니다. $ax+by$의 최댓값과 최솟값을 구해 보도록 합니다. 단 a, b, x, y는 실수입니다.

"그렇습니다. 누구나 실수할 수 있습니다. 실수, 실수, 실수!"

떠벌이가 이상한 소리를 하고 있습니다. 분명히 말하지만 그 실수와 그 실수는 다른 것입니다. 앞에서 이야기한 것처럼 이차식과 일차식의 관계를 구성하는 것이 바로 코시-슈바르츠 부등식이라고 했습니다. 차수가 2인 식과 $ax+by$ 같은 일차식을 보며 우리는 강한 느낌을 받을 수 있습니다. 코시-슈바르츠 부등식의 느낌이 확 다가오나요? 위대한 세종대왕이 만든 한글을 이용하여 풀이하겠습니다. 태도, 권장, 태권도장이라는 단어를 기억하나요? 앞에서 배웠습니다.

$(태권+도장)^2 \leq (태^2+도^2)(권^2+장^2)$

$(ax+by)^2 \leq (a^2+b^2)(x^2+y^2) = 4 \times 9 = 36$

$(ax+by)^2 \leq 36$

$\therefore -6 \leq ax+by \leq 6$

위 식에서 이용된 계산 방법을 하나 알아 두세요. $x^2 \leq b^2 \Leftrightarrow -b \leq x \leq b$, 이 공식을 이해하면 $(ax+by)^2 \leq 36$이 $-6 \leq ax+by \leq 6$으로 나오는 이유를 알 수 있을 것입니다. 그래서 최솟값은 -6이고 최댓값은 6입니다.

이제 떠벌이와 코시-슈바르츠 부등식을 가지고 숨바꼭질 하나 하겠습니다.

> **쏙쏙 문제 풀기**
>
> $x^2+y^2=13$을 만족하는 두 실수 x, y에 대하여 $2x+3y$의 최댓값과 최솟값은 얼마인지 구하시오.

꼭꼭 숨어라, 머리카락 보일라!

x^2+y^2

이 부분을 바로 앞에서 풀이한 문장과 비교해 보면 '권장'에 해당합니다. 코시-슈바르츠 부등식임을 짐작했다면 '태도'라는 부분이 보이지 않는다는 것을 알 수 있습니다. 어디 있나요? 코시-슈바르츠 부등식은 이차식과 일차식의 관계라고 했습니다. 그럼 주어진 일차식의 어딘가에 숨어 있을 것입니다.

$2x+3y$

떠벌이 군, 이 식을 잘 보고 생각해 보세요. 수와 문자만 보면 자칫 이해력이 떨어질 수 있으므로 한글을 사용한 이미지 재생술을 해 봅니다. '태권도장' 얍얍얍! '태권도장'에서 주어진 '권장'이라는 단어를 빼면 '태도' 부분만 남지요. $2x+3y$에서 '태도' 부분에 해당되는 것은 2와 3이라는 수입니다.

2와 3은 제곱을 시킬 운명입니다. 풀이 들어갑니다.

$$(2x+3y)^2 \leq (2^2+3^2) \cdot (x^2+y^2) = 13 \cdot 13 \leftarrow x^2+y^2=13$$
$$(2x+3y)^2 \leq 13 \cdot 13 = 13^2$$

이 식은 앞에서 이용한 방법 $x^2 \leq b^2 \Leftrightarrow -b \leq x \leq b$를 이용하면 $-13 \leq 2x+3y \leq 13$으로 최솟값은 -13이고 최댓값은 13이 됩니다. 단, 등호는 $\dfrac{x}{2}=\dfrac{y}{3}$일 때 성립합니다.

이제 마지막 배움입니다. 마지막을 장식하기 위해 다시 '김혜수' 씨와 '장동건' 씨를 모시겠습니다. 김혜수, 장동건 씨 나와 주세요.

"우아! 김혜수! 장동건!"

떠벌이는 그들 옆에서 온갖 아부를 떨고 있습니다. 실수 $x, y,$ z에 대하여 $x^2+y^2+z^2=14$일 때, $x+2y+3z$의 최댓값과 최솟값을 차례로 알아봅니다. 일단 항이 3개라도 이차식과 일차식이 보이니까 느낌상으로 이건 코시-슈바르츠 부등식이라는 것을 알아야 합니다.

이제 남은 부분은 김혜수 씨와 장동건 씨가 알아서 처리해 주리라 봅니다. x, y, z를 장동건이라고 두겠습니다. 그다음 앞에서 배웠던 것을 살펴봅니다.

$$(김^2 + 혜^2 + 수^2)(장^2 + 동^2 + 건^2) \geq (김장 + 혜동 + 수건)^2$$

김장+혜동+수건에 비교될 수 있는 것이 $x+2y+3z$라고 할 수 있습니다. 김혜수 부분을 찾아보겠습니다. '혜수' 부분은 2와 3이라는 것을 알겠는데 '김'에 해당하는 부분이 좀 아리송합니다. 아! 그건 x 앞에 1이 생략되어 있다는 사실을 통해 알아낼 수 있습니다. 그래서 김에 해당하는 부분은 1입니다.

이렇게 도움을 주신 김혜수 씨와 장동건 씨께 감사하다는 말을 전하며 내가 다시 설명을 계속하겠습니다.

$$(1^2+2^2+3^2)(x^2+y^2+z^2) \geq (x+2y+3z)^2$$

문제에서 $x^2+y^2+z^2=14$라고 했습니다. 그리고 $1^2+2^2+3^2$을 계산하니 운인지 모르겠지만 14가 나왔습니다. 그래서 계산을 계속하면 $(x+2y+3z)^2 \leq 14 \cdot 14$가 됩니다. 이 계산은 $x^2 \leq b^2 \Leftrightarrow -b \leq x \leq b$를 이용하여 알 수 있습니다.

$-14 \leq x+2y+3z \leq 14$

그래서 최솟값은 -14가 되고, 최댓값은 14가 됩니다. 부등식의 범위에서 가장 작은 게 최솟값이고 가장 큰 게 최댓값입니다.

절대부등식에 대한 이야기를 모두 마칩니다. 옆에서 쫑알쫑알 말하다가 어려운 부분이 나오면 잠자던 떠벌이도 수고 많이 했습니다. 그럼 다들 몸 건강히 지내기로 약속하고 다음에 다시 만날 때까지 안녕!

수업 정리

❶ 코시 부등식 1

$(a^2+b^2)(x^2+y^2) \geq (ax+by)^2$ (단, 등호는 $\dfrac{x}{a}=\dfrac{y}{b}$ 일 때 성립)

$(태^2+도^2)(권^2+장^2) \geq (태권+도장)^2$

❷ 코시 부등식 2

$(a^2+b^2+c^2)(x^2+y^2+z^2) \geq (ax+by+cz)^2$ (단, 등호는 $\dfrac{x}{a}=\dfrac{y}{b}=\dfrac{z}{c}$ 일 때 성립)

$(김^2+혜^2+수^2)(장^2+동^2+건^2) \geq (김장+혜동+수건)^2$

NEW 수학자가 들려주는 수학 이야기 54
슈바르츠가 들려주는 절대부등식 이야기

ⓒ 김승태, 2009

2판 1쇄 인쇄일 | 2025년 8월 28일
2판 1쇄 발행일 | 2025년 9월 11일

지은이 | 김승태
펴낸이 | 정은영
펴낸곳 | (주)자음과모음

출판등록 | 2001년 11월 28일 제2001-000259호
주소 | 10881 경기도 파주시 회동길 325-20
전화 | 편집부 (02)324-2347, 경영지원부 (02)325-6047
팩스 | 편집부 (02)324-2348, 경영지원부 (02)2648-1311
e-mail | jamoteen@jamobook.com

ISBN 978-89-544-5299-1 44410
     978-89-544-5196-3 (세트)

• 잘못된 책은 교환해 드립니다.